Research on Legal Safeguards for
the Eviction, Preservation, Revitalization and Utilization of
Cultural Relic Buildings in Beijing

北京文物腾退保护
与活化利用
法治保障研究

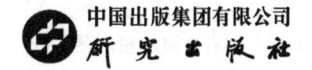

李倩茹 著

中国出版集团有限公司
研究出版社

图书在版编目（CIP）数据

北京文物腾退保护与活化利用法治保障研究 / 李倩茹著 . -- 北京：研究出版社, 2024. 12. -- ISBN 978-7-5199-1793-7

Ⅰ . D927.102.164

中国国家版本馆 CIP 数据核字第 2025AS2692 号

出 品 人：陈建军
出版统筹：丁　波
策划编辑：张立明
责任编辑：赖婷婷

北京文物腾退保护与活化利用法治保障研究

BEIJING WENWU TENGTUI BAOHU YU HUOHUA LIYONG
FAZHI BAOZHANG YANJIU

李倩茹　著

研究出版社 出版发行

（100006　北京市东城区灯市口大街100号华腾商务楼）
北京建宏印刷有限公司印刷　新华书店经销
2025年2月第1版　2025年2月第1次印刷
开本：850mm×1168mm　1/32　印张：7.125
字数：155千字
ISBN 978-7-5199-1793-7　定价：68.00元
电话（010）64217619　64217652（发行部）

版权所有·侵权必究
凡购买本社图书，如有印制质量问题，我社负责调换。

前　言

　　北京拥有3000多年的建城史和800多年的建都史，是中国历史文化的重要载体。近年来，随着城市化进程的加快，北京面临着如何在保护历史文化名城的同时，进行城市更新，推动城市高质量发展的挑战。2014年2月25日，习近平总书记在北京考察工作时指出："历史文化是城市的灵魂，要像爱惜自己的生命一样保护好城市历史文化遗产。北京是世界著名古都，丰富的历史文化遗产是一张金名片，传承保护好这份宝贵的历史文化遗产是首都的职责，要本着对历史负责、对人民负责的精神，传承历史文脉，处理好城市改造开发和历史文化遗产保护利用的关系，切实做到在保护中发展、在发展中保护。"

　　文物承载着中华民族优秀文化和民族精神，是宝贵文化遗产，其作为历史的物质遗存，是我国悠久历史文化的见证和重要载体。不可移动文物，特别是文物建筑，兼具历史文化价值和现实使用价值。随着现代社会的发展、科学技术的革新，在文物保护技术水平显著提升的同时，城市化进程的加快也对文物保护提出了挑战，尤其是给文物建筑的保护利用及文物建筑依存环境的历史风貌带来了一定的冲击。在北京历史文化名城保护进程中，对文物建筑进行腾退保护是必解之题，多元推进文物建筑活化利用是应有之义。

文物建筑的保护与利用构成了首都建设不可或缺的一环。自党的十八大以来，习近平总书记多次视察北京并指导工作，发表了一系列重要讲话。他主持中共中央政治局常委会会议，听取并审议了北京城市总体规划的编制情况，为首都的发展指明了方向，提出了一系列具有深远意义的重要指示。习近平总书记强调，首都规划务必坚持以人为本，坚持可持续发展，坚持一切从实际出发，贯通历史现状未来，统筹人口资源环境，让历史文化与自然生态永续利用、与现代化建设交相辉映。这一系列观点深刻阐述了"建设一个什么样的首都，怎样建设首都"这一重大时代议题。

《北京城市总体规划（2016年—2035年）》明确指出，在新的历史起点上，北京的建设目标是成为建设伟大社会主义祖国的首都、迈向中华民族伟大复兴的大国首都，以及国际一流的和谐宜居之都。该规划着重强调，北京的所有工作均须围绕其作为全国政治中心、文化中心、国际交往中心和科技创新中心的城市战略定位展开，切实履行服务中央党政军领导机关、促进国家国际交往、推动科技和教育发展以及改善人民群众生活的核心职责。这一规划为北京历史文化名城的保护工作提供了明确的方向和根本性指导。北京的历史文化，作为中华文明悠久历史的见证，必须得到精心的保护，以彰显其整体价值，并进一步强化北京作为"首都风范、古都风韵、时代风貌"的城市特色。

早在1982年，北京就被认定为全国首批历史文化名城之一。作为北京核心价值所在的北京老城不仅是中华文明悠久历史的生动见证，更承载着无与伦比的历史、文化及社会意义，成为北京构建世界文化名城与全国文化中心的重要基石，深刻体现了首都形象与国家精神的内涵。习近平明确指出，北京"老城不能再拆了"，并强调"要把老城区改造提升同保护历史遗迹、保存历史文脉统一起来，既要改善人居环境，又要保护历史文化底蕴，让历史文化和现代生活融为一体"。据此，2017年党中央、国务院正式批准了《北京城市总体规划（2016年—2035年）》，随后于2020年又批准了《首都功能核心区控制性详细规划（街区层面）（2018年—2035年）》，两份规划均着重强调了对北京历史文化名城的保护工作，特别指出要加强老城区的整体保护，严格执行不得再行拆除的规定。要求做好北京历史文化名城保护工作，加强老城整体保护，严格落实"老城不能再拆"的要求。文化遗产保护利用是北京全国文化中心建设中心的重要环节，要精心保护好北京历史文化遗产这张中华文明的金名片，构建涵盖老城、中心城区、市域和京津冀的历史文化名城保护体系。

北京作为历经千年的古都，见证了历史的沧桑更迭；北京也是紧随中国发展步伐的现代都市，不断展现出新的面貌；北京还是国际化程度极高的大都市，东西方多元文明在此持续交汇融合。为了最大化利用北京深厚的文化底蕴和丰富的文化资源，必须充分发挥其作为首都汇聚精华、辐射周边、引领创新、促进交流及提供服务的功能。随着中国特色社会主义迈入新时代，中国正以更为崭新的大国风范逐步走向世界舞台的核心位置，因此，构建一个与国家形象相得益彰的首都形象显得尤为迫切，更需要为深入推进北京历史文化名城保护工作、擦亮北京历史文化的金名片提供坚实有力的法治保障。

近年来，北京启动了大规模的文物建筑腾退保护行动计划，在文物建筑腾退中开创了腾退司法保障、申请式退租等的工作模式，在文物建筑的活化利用中尝试采取了社会力量参与、公众参与等方式，取得了良好效果。在文物建筑保护利用的全过程坚持全面依法治理的理念，坚持依法腾退、合理利用。以故宫博物院、三山五园等国家重点文物保护单位为代表，北京在文化遗产开放利用方面进行了多种类型且具有领先意义的探索。随着工作的推进，文物建筑腾退保护的后续任务更加艰巨，特别是社会单位、中央单位和部队办公使用的文物建筑腾退保护存在较大困难。在文物建筑活化利用方面，也需要大胆创新、积极探索、稳步推进。要将文物保护的北京实践形成更规范化、制度化的工作机制，就要从法治保障的角度进一步研究北京文物建筑腾退和活化利用问题。对全国文化中心建设中文化遗产合理利用的具体实践进行深入调研，研究文化遗产合理利用中的法律问题，发挥首都示范带头作用，辐射京津冀，进而推动全国的文物合理利用相关实践和立法具有积极作用。

目 录

第一章　基于双重属性的文物建筑保护与利用 / 1
　　第一节　文物建筑的保护范围与认定标准 / 2
　　第二节　基于双重属性的文物建筑保护利用理念 / 11

第二章　文物建筑腾退保护与活化利用法治保障现状 / 25
　　第一节　文物建筑腾退保护与活化利用法治保障研究现状 / 25
　　第二节　我国文物建筑保护利用的法治建设历程 / 38

第三章　北京文物建筑腾退保护的法治保障现状 / 51
　　第一节　北京历史文化名城保护的法治进程与规划思路 / 51
　　第二节　北京文物建筑腾退保护法治保障状况 / 68
　　第三节　北京文物建筑腾退保护的主要工作模式 / 79

第四章　北京文物建筑腾退保护中的困难及法治路径 / 104
　　第一节　北京文物建筑腾退保护面临的主要困难 / 104
　　第二节　北京深入推进文物腾退保护的法治路径 / 122

第五章　北京文物建筑活化利用的法治保障现状 / 129
第一节　北京文物建筑活化利用的法治保障现状 / 130
第二节　北京文物建筑活化利用的主要工作模式 / 135

第六章　北京文物建筑活化利用中的困难及法治路径 / 145
第一节　北京文物建筑活化利用面临的主要困难 / 145
第二节　北京文物建筑活化利用的法治路径 / 151

第七章　北京文物建筑腾退保护与活化利用法治保障的完善建议 / 160
第一节　北京文物建筑腾退保护与活化利用的法治保障目标 / 160
第二节　北京文物建筑腾退保护与活化利用法治保障的完善建议 / 163

结　语 / 178

附录一 / 184
文物腾退保护与活化利用相关法律法规索引 / 184

附录二 / 189
文物腾退保护相关司法案件索引 / 189

参考文献 / 206

后　记 / 215

第一章　基于双重属性的文物建筑保护与利用

文物建筑作为历史文化遗产的重要组成部分，承载着丰富的历史文化信息，也是城乡建设过程中历史文化保护与传承的重要载体。它们作为人类文明的瑰宝，对展示和弘扬中华文化的多样性、独特性和广博性具有举足轻重的作用。为此，对文物建筑进行系统性的保护和利用，具有不可忽视的重要性和紧迫性。在城乡建设进程中，对历史文化遗产进行系统性的保护、利用与传承，对于维系历史文脉的连续性、驱动城乡建设的高质量发展、增强文化自信以及构建社会主义文化强国具有深远意义。[1] 鉴于此，2021年9月，中共中央办公厅、国务院办公厅联合发布了《关于在城乡建设中加强历史文化保护传承的意见》。该意见强调，应秉持"以用促保"的原则，确保历史文化遗产在得到实际运用的同时，成为城市和乡村独特的

---

[1] 参见任红波、寇志荣：《城市更新中加强历史建筑保护的战略思考——以上海为例》，载《建筑经济》2022年第11期，第20—26页。

文化标志及民众的时代印记，促进历史文化与现代生活的和谐共生，实现文化遗产的可持续传承。

第一节　文物建筑的保护范围与认定标准

文物建筑是指具有历史、文化、艺术价值，具有代表性和独特性的建筑物。这些建筑物是人类文明的重要遗产，是历史的见证和文化的传承。作为不可移动文物的一种类型，文物建筑兼具建筑物和文物的双重属性。我国立法中关于文物建筑保护对象的范围是逐步扩大的，认定标准也在同步细化完善，旨在更全面、更有效地保护我国的文物建筑，传承和弘扬中华民族的历史文化。

一、文物建筑的保护范围

我国文物建筑的保护范围主要是依据《中华人民共和国文物保护法》的相关规定，并通过《文物认定管理暂行办法》和《文物建筑开放导则》进行扩展，保护范围广泛，涵盖了古建筑、近现代重要建筑及特殊类型文化遗产，以确保全面、务实地保护各类文化遗产。

（一）《文物保护法》中的保护范围

根据《文物保护法》第二条的规定，受国家保护的文物建筑主要有两类：一是具有历史、艺术、科学价值的古建筑；二是与重大历史事件、革命运动或者著名人物有关的以及具有重要纪念意义、教育意义或者史料价值的近代现代重要史迹、代表性建筑。《文物保护法》中的相关条款构成了文物建筑保护的根本准则，为文物建筑的保护工作搭建了基本框架，保护工作主要聚焦于上述两大核心类别。

(二)《文物认定管理暂行办法》中的保护范围

《文物保护法》同时还规定，文物认定的主体、标准和程序，由国务院规定并公布。原文化部2009年印发的《文物认定管理暂行办法》规定：《文物保护法》第二条第一款所列各项，应当认定为文物。乡土建筑、工业遗产、农业遗产、商业老字号、文化线路、文化景观等特殊类型文物，按照本办法认定。这一规定使得文物建筑的保护范围得到了扩展，除乡土建筑、工业遗产外，农业遗产、商业老字号、文化线路、文化景观中也包含了大量建筑物，根据《文物认定管理暂行办法》的这一规定，此类建筑物也可以被认定为文物，纳入文物保护的范围。

(三)《文物建筑开放导则》的保护范围

2017年，国家文物局印发《关于加强尚未核定公布为文物保护单位的不可移动文物保护工作的通知》指出："尚未核定公布为文物保护单位的不可移动文物（以下简称'一般不可移动文物'），是我国不可移动文物资源的基础组成部分，与各级文物保护单位共同构成了不可移动文物资源整体。""各级文物行政部门应从文物事业全面发展的战略高度，提高认识，坚持'保护为主，抢救第一，合理利用，加强管理'的文物工作方针，将一般不可移动文物保护作为重要基础工作，加强统筹规划，完善保护体系，健全管理机制，制定保护措施，扎实推进一般不可移动文物保护管理工作。"这一通知确立了一个原则，即不可移动文物的保护管理不以"核定公布为文物保护单位"为限，坚持客观标准，对尚未核定公布为文物保护单位的不可移动文物进行同等保护管理，避免了工作中因对尚未核定公布为文物保护单位的不可移动文物保护不力造成的损失或疏漏。

2019年国家文物局印发了《文物建筑开放导则》对文物建筑的保护范围做了进一步扩大："本导则所规定的开放条件、要求和操作规范，适用于各级文物保护单位[1]、尚未核定公布为文物保护单位的不可移动文物中的古建筑以及近代现代重要代表性建筑等所有文物建筑，重点引导一般性文物建筑开放使用。"这一规定扩展了文件的适用范围，将尚未核定公布为文物保护单位的不可移动文物中的古建筑以及近代现代重要代表性建筑纳入文物建筑的开放使用管理。

《文物认定管理暂行办法》《文物建筑开放导则》两个部门规章中对文物建筑的定义均扩展了上位法《文物保护法》规定的保护范围，其原因有二：一是基于《文物保护法》的授权，即"文物认定的主体、标准和程序，由国务院规定并公布"，赋予了行政机关认定不在《文物保护法》列举范围的乡土建筑、工业遗产、农业遗产等特殊类型文物的职权；二是基于文物的不可再生属性。在文物保护实践中，文物认定工作受地方

---

[1]《文物保护法》第三条："古文化遗址、古墓葬、古建筑、石窟寺、古石刻、古壁画、近代现代重要史迹和代表性建筑等不可移动文物，分为文物保护单位和未核定公布为文物保护单位的不可移动文物（以下称未定级不可移动文物）；文物保护单位分为全国重点文物保护单位，省级文物保护单位，设区的市级、县级文物保护单位。"

财政力量、城乡规划与建设、文物普查等多重因素的影响，不能确保在第一时间对所有具有保护价值的文物进行认定，将尚未核定公布为文物保护单位的不可移动文物中的古建筑纳入文物建筑范围，是较为务实的做法，体现了"保护为主、抢救第一、合理利用、加强管理"的方针。

综合上述法律法规规定，《文物建筑开放导则》中对文物建筑的范围的界定是较为明确和务实的，即一是古建筑，二是近代现代重要史迹、代表性建筑。这两种类型文物建筑的保护范围均包括各级文物保护单位和尚未核定公布为文物保护单位的不可移动文物。

二、文物建筑的认定标准

文物建筑认定的主要依据是《文物认定管理暂行办法》。根据《文物保护法》的授权，为了规范文物认定管理工作，《文物认定管理暂行办法》主要规定了文物认定的定义、文物认定的责任主体、文物普查和认定的程序、文物所有权人或持有人的权利和责任、文物定级的程序和要求、文物登录制度以及违反规定的法律责任。但是《文物认定管理暂行办法》没有涉及对文物认定的具体标准。

（一）《不可移动文物认定导则（试行）》中的认定标准

对不可移动文物认定的标准和办法，法律和行政法规中目前仅有 2018 年国家文物局印发的《不可移动文物认定导则（试行）》进行了规定。在《国家文物局关于印发〈不可移动文物认定导则（试行）〉的通知》（文物政发〔2018〕5 号）

中规定了该文件的试行期为三年。按照这一规定，《不可移动文物认定导则（试行）》在 2021 年 6 月 27 日已经试用期满失效。此后迄今，国家文物局尚未就文物的认定出台新的规定。因此在新的规定出台前，《不可移动文物认定导则（试行）》的内容仍具有参考价值。《不可移动文物认定导则（试行）》涉及文物建筑的认定主要有第七条和第九条，将可以认定为不可移动文物的建筑分为三类，分别是古建筑、近现代代表性建筑和近现代重要史迹，即把《文物保护法》中"与重大历史事件、革命运动或者著名人物有关的以及具有重要纪念意义、教育意义或者史料价值的近代现代重要史迹、代表性建筑"分为"近现代重要史迹"和"近现代代表性建筑"，并确立了以下认定标准。

1. 古建筑的认定标准

作为不可移动文物认定对象的古建筑，是指 1840 年以前建造的，其建筑物、构筑物本体尚存，或者迁移后在新址有独立地域范围的古建筑。包括城垣城楼、宫殿府邸、宅第民居、坛庙祠堂、衙署官邸、学堂书院、驿站会馆、店铺作坊、牌坊影壁、亭台楼阙、寺观塔幢、苑囿园林、桥涵码头、堤坝渠堰、池塘井泉等 15 种类型。

2. 近现代重要史迹的认定标准

作为认定对象的近代现代重要史迹，包括战争遗址、工业遗址、重大历史事件和重要机构旧址、重要革命历史事件及革命人物活动纪念地、名人墓、烈士墓及纪念设施等 6 种类型。其中的近代现代是指 1840 年以后，需要具备与重要历史进程、历史事件、历史人物有关的史迹本体尚存，或者有遗迹存在，或者为纪念重大历史事件或者著名人物建立的建筑物、构筑物等条件。

3. 近代现代重要代表性建筑的认定标准

作为认定对象的近代现代代表性建筑需要具有时代特征，在一定区域范围具有典型性，在社会相关领域具有代表性，形式风格特殊，且结构形制基本完整。其中1840—1949年采用传统建筑材料和工艺或者采用近现代建筑材料和技术建造的需要具备"重要的、具有代表性"的条件；1949年以后建造的，需要具备"特别重要的、具有典型代表性"的条件。包括宗教建筑、工业建筑及附属物、名人旧居、传统民居、金融商贸建筑、中华老字号建筑、水利设施及附属物、文化教育建筑及附属物、医疗卫生建筑、军事建筑及设施、交通道路设施、典型风格建筑或者构筑物、体量较大的各种材质（如石、铜、铁、泥等）雕塑等13种类型。

（二）第四次全国文物普查认定标准的变化

2023年，国务院发布了《国务院关于开展第四次全国文物普查的通知》，第四次全国文物普查工作全面启动。第四次全国文物普查领导小组办公室制定了《第四次全国文物普查标准、登记表和著录说明（试行）》，其中的《第四次全国文物普查不可移动文物认定标准》[1]对文物建筑的认定标准进行了详细的规定。这一标准较《第三次全国文物普查实施方案及

---

[1]《第四次全国文物普查标准、登记表和著录说明（试行）》中系列文件之一。

相关标准、规范》中的认定标准和《不可移动文物认定导则（试行）》规定的认定标准[1]更为明确、细致，是"四普"工作的重要依据，对于摸清文物资源底数，完善不可移动文物保护管理机制具有重要作用。但是由于第四次全国文物普查领导小组不是国务院议事协调机构，任务完成后将自动撤销，该文件仅作为工作规范，其普适性和持续性有待文物行政管理部门确认，未来能否转化为文物认定管理的规范性文件值得关注。[2]

1. "四普"古建筑认定标准的变化

一是将古建筑的年代由"1840年以前"改为"清代及以前"，主要依据是《第四次全国文物普查不可移动文物年代标准》[3]中时限划分标准："古代文物年代上限为旧石器时代，下限原则为清代。""近现代文物年代自公元1840年至当代。"这一变化对于在1840—1911年间建造的，不属于"与重大历史事件、革命运动或者著名人物有关的以及具有重要纪念意义、教育意义或者史料价值的近代现代重要史迹、代表性建筑"的不可移动文物的认定有重要意义，扩大了文物保护的范围。同时还补充规定了"1840年以前建造的主体尚存的古建筑，应当全部予以认定；1840—1911年采用传统建筑材料、工艺建造，具有传统风格的，应当予以认定"。

---

[1]《第四次全国文物普查标准、登记表和著录说明（试行）》的内容与《不可移动文物认定导则（试行）》确立的不可移动文物认定的标准具有延续性，部分条文进行了进一步的细化和完善。

[2]《第三次全国文物普查实施方案及相关标准、规范》中关于不可移动文物认定的规定大部分为《不可移动文物认定导则（试行）》所吸收、延续。

[3]《第四次全国文物普查标准、登记表和著录说明（试行）》中系列文件之一。

二是在《不可移动文物认定导则（试行）》规定的基础上增加了一项认定条件，"依法审批后原址重建的，保留原有风格或形制，且保留有反映历史、艺术、科学价值的重要构件"，将原址重建的部分文物建筑也纳入保护范围。

三是延续了《不可移动文物认定导则（试行）》规定的17种古建筑类型，在此基础上对古建筑的类型增加了补充说明。"古建筑一般包括：城垣城楼（及其他军事建筑及设施）、宫殿府邸、宅第民居、坛庙祠堂、衙署官邸（及其他行政管理建筑）、学堂书院（及其他文化教育建筑）、驿站会馆（及其他交通道路设施、旅行服务设施）、店铺作坊（及其他金融商贸建筑、工商业建筑设施）、牌坊影壁、亭台楼阙（及其他景观建筑、戏曲演出建筑、天文观测建筑）、寺观塔阁（及其他宗教建筑）、苑囿园林、桥涵码头、堤坝渠堰（及其他水利设施）、池塘井泉等类型。"

2. "四普"近现代重要史迹认定标准的变化

一是将"1840年以后与近代现代历史进程或者历史人物有重要关联的各类史迹，应当认定为不可移动文物"修改为"1840年以后与重大历史事件、革命运动或者著名人物有重要关联的各类史迹，应当认定为不可移动文物"。主要是增加了"革命运动"，体现了对红色文物保护的加强。

二是对"为纪念重要历史事件或历史人物建立的建筑物、构筑物"增加了"具有标志意义、典型意义"的条件限制。

三是对近现代重要史迹的类型进行了进一步明确。"近现代重要史迹一般包括：重大历史事件和重要机构旧址（及战争遗址、工业遗址等)、重要革命历史事件及革命人物活动纪念地、烈士墓及纪念设施、名人故旧居、名人墓、其他为纪念重大历史事件或者著名人物建立的建筑物构筑物等类型。"同时还增加了"1988年以来未按规定履行报批程序的新建改扩建纪念设施,一般不予认定"的规定。

3. "四普"近现代代表性建筑认定标准的变化

一是在认定条件中增加了一项:"依法审批后原址重建的,具有标志意义或典型意义。"

二是将《不可移动文物认定导则(试行)》中"1840—1949年采用传统建筑材料和工艺或者采用近现代建筑材料和技术建造的重要的、具有代表性的建筑,应当认定为不可移动文物;1949年以后建造的特别重要的、具有典型代表性的建筑,应当认定为不可移动文物"中的"重要的、具有代表性的建筑"和"特别重要的、具有典型代表性的建筑"改为"1840—1949年采用近现代建筑材料、技术建造的、体现时代风格的具有代表性的,应当予以认定;1949年以后采用近现代建筑材料、技术建造的、体现时代风格的重要的、具有典型代表性的,应当予以认定"。

三是对近现代代表性建筑进行了进一步补充说明。"近现代代表性建筑一般包括:传统民居、宗教建筑、工业建筑及附属装置装备(以及其他工业遗产)、金融商贸建筑(含中华老字号)、水利、农业相关建筑、设施及附属物(以及其他水利与农业遗产)、文化教育建筑及附属物、医疗卫生建筑、军事建筑及设施、交通道路设施、典型风格建筑或者构筑物、体量较大的各种材质（如石、铜、铁、泥等）雕塑、依法审批后原址重建的不可移动文物并具有标志意义或典型意义、其他近现代代表性建筑等类型。"

对比"四普"和《不可移动文物认定导则（试行）》中文物建筑认定标准，可以发现，"四普"扩大了古代文物的保护范围，特别是对1840年以前的文物采取全部认定的标准，加强了对与革命运动相关的红色文物的保护，有条件地增加了对原址重建文物的保护，表明了对未按规定履行报批程序的新建改扩建纪念设施的否定态度，对文物建筑的类型进行了进一步明确和说明。这体现出我国对文物保护工作现实情况的深刻理解、对保护革命传统的重视和文物保护工作的务实态度。

第二节　基于双重属性的文物建筑保护利用理念

一、文物建筑兼具实用与文化的双重属性

建筑自诞生之初，就承载着明确的使用功能。从最初作为抵御自然风雨、灾害的场所，在发展过程中逐渐被赋予了丰富多样的社会、文化意义，建筑的功能不断演变和扩展。无论是宏伟的宫殿、宗教建筑，还是平凡的住宅、商业设施，建筑都是人们生活和工作的基本场所。人们在这些空间中交流、学习、休息、娱乐和工作，同时也在不断地塑造和改变着这些空间。这种互动和相互影响使得建筑不仅仅是静态的物体，更是一种动态的存在，不断地适应着人们的需求变化。

建筑反映了人们对生活的理解、价值观念、审美趣味和科

技水平。建筑与人类、社会之间形成了紧密的互动和关联，人们不仅在建筑中生活、工作、学习，同时也通过建筑感知、体会和传承着文化传统和精神意象。在不同的历史时期和文化背景下，建筑的形式、材料、技术和风格都有所不同，这些差异展现了各个地域和时期的文化特色和精神风貌。人们通过观察和解读建筑，可以更好地理解和感受一个地方的历史和文化。因此，文物建筑作为人类历史与文化的载体，具有实用功能和文化功能的双重属性，这也是文物建筑区别于其他类型文物的显著特点。

（一）文物建筑的实用属性

文物建筑的实用属性是指其作为建筑本身所具备的使用价值，主要体现在历史功能与现代利用两个方面。从历史功能来看，文物建筑在建造之初，都是为了满足特定的社会、文化或宗教需求而设计的，这些需求可能包括居住、祭祀、集会、防御等。如古代宫殿用于政治活动和皇家居住，庙宇用于宗教祭祀，民居则满足了人们的日常生活需求。这些建筑在设计和构造上都充分考虑了实用性，无论是空间布局、材料选择还是结构形式，都体现了当时社会的生产力水平和人们对良好生活环境的追求。

而从现代利用的角度来看，许多文物建筑在经过修缮和保护后，仍然能够发挥其原有的或新的实用功能。建筑的实用属性赋予了文物建筑长久的生命力，使其得以长久留存，其中的部分文物建筑沿用至今，仍然具有重要的使用价值。例如建于清光绪三十年（1904）至1925年的协和医学院旧址。协和医学院是北京设立最早、规模最大的医学院校,自1921年起北京协和医院正式接收病人。抗日战争时期,此处曾作为日本陆军医院使用。1945年从日军手中收回产权,1947年恢复招生。"文化大革命"时期,协和医学院停办,1979年复校并使用至今。2006年,国务院公布其为全国重点文物保护单位,现该组建筑群仍为协和医学院及其附属医院(北京协和医院)所使用。[1] 文物建筑作为人类历史和文化的重要载体,不仅具有深厚的历史底蕴,还能够在现代社会中发挥新的实用作用。

(二)文物建筑的文化属性

文物建筑的文化属性是其核心价值所在,作为历史文化的载体和传承者,文物建筑深刻地体现了人类历史、文化、艺术和科技等多个方面的丰富内涵。作为文化遗产的重要组成部分,文物建筑以其独特的建筑风格、精湛的工艺技术和丰富的文化内涵,成为一个时代、一个地区乃至一个民族文化的重要标志。它不仅记录了人类社会的发展历程和文明成就,还承载着人们的情感记忆和身份认同,是连接过去与现在、文化与生活的重要桥梁。因此,文物建筑的文化属性不仅具有深远的历史意义,也在现代社会中发挥着传承和弘扬优秀传统文化的重要作用。文物建筑见证了历史的变迁,承载着民族的记忆和文化传统,不仅是物质的存在,更是精神的象征。通过文物建筑能够了解过去的历史事件、社会制度、宗教信仰、审美观念等方面的信息。例如位于西长安街北侧,天安门之西的社稷坛,

---

[1] 参见北京市古代建筑研究所编:《北京古迹概览(上)》,北京出版集团公司、北京美术摄影出版社2019年版,第127—129页。

原为辽、金时的兴国寺，元代改名为万寿兴国寺。明成祖朱棣在营建紫禁城的同时，根据《周礼·考工记》中"左祖右社"的原则在元万寿兴国寺的基址上修建了社稷坛。清承明制。社稷坛是明清皇城不可分割的组成部分，也是封建社会国家举行公祭的最为重要的礼制建筑之一，具有很高的历史价值。社稷坛至民国三年（1914）被辟为公园，称中央公园，陆续增建和迁建了一些建筑和石刻。民国十七年（1928）为纪念孙中山先生，改名为中山公园。公园南门为民国三年（1914）添建。南门以北迎面矗立着一座蓝琉璃筒瓦顶的"保卫和平"石牌坊，题额为郭沫若1952年题写。"保卫和平"坊原为东单"克林德"坊，第一次世界大战后改建为"公理战胜"坊，而移至此。[1] 文物建筑在文化传承、历史教育和旅游开发等方面具有独特的价值。

（三）文物建筑双重属性之间的关系

文物建筑的实用属性与文化属性紧密相连，互为表里。实用属性是文物建筑的基础，体现了建筑在历史中的实际使用功能和价值，满足了人们的居住、祭祀、政治等活动需求。而文化属性则是文物建筑的核心，它蕴含了丰富的历史、艺术、科技和社会信息，是文化传承和身份认同的重要载体。实用属性为文化属性提供了物质基础和表现形式，使文化在建筑中得到体现和传承；文化属性则赋予了实用属性更深层次的意义和价值，使得建筑不仅仅是满足物质需求的场所，更是文化和精神

---

[1] 参见北京市古代建筑研究所编：《北京古迹概览（上）》，北京出版集团公司、北京美术摄影出版社2019年版，第22—23页。

的象征。因此，文物建筑的实用属性与文化属性相互依存、相互促进，共同构成了文物建筑独特的历史和文化价值。

在现代社会中，随着人们生活方式的改变和科技的发展，许多文物建筑的实用功能已经逐渐弱化或消失。然而，其文化功能却愈加凸显出来。这些建筑不仅成为历史和文化的见证者，更成为人们追溯历史、感悟文化的精神家园。例如北平电话北局旧址是 20 世纪 30 年代所建电话局所的代表，也是目前北京电信行业最早的、保存最完整的建筑。1925 年 5 月 17 日，当时的北平电话局购买土地拟建电话北局。1938—1939 年，北平伪政府和日本电信机构共同出资建立的华北电信电话股份有限公司在此地建造了机房楼，用以安装步进制电话交换机。1945 年 10 月，国民党接收日伪政府财产，该局被收为国有。1982 年 1 月，此地更名为东皇城根电话分局。1994 年 8 月，在北京市内电话全网程控化之际，当时北京市内电话局出于保存企业历史的初衷，将该楼作为"东皇城根电话博物馆"使用，后更名为北京通信电信博物馆。[1] 因此，应该加强对文物建筑的保护和修缮工作，让文物建筑在新的历史时期继续发挥其独特的文化价值。

(四) 文物建筑的"再利用"

作为建筑，文物建筑自然具备使用功能，然而，其更为重要的身份是作为文化遗产的载体，有着无可替代的历史文化价值，成为人类文明发展脉络的生动见证。文物建筑的"再利

---

〔1〕 参见北京市古代建筑研究所编：《北京古迹概览（上）》，北京出版集团公司、北京美术摄影出版社 2019 年版，第 135—136 页。

用"是指在尊重和保护其历史、文化和艺术价值的基础上,通过创新性的设计和改造,赋予这些建筑新的使用功能和生命力。这一过程不仅要求对文物建筑进行精细的修缮和维护,以保持其原有的风貌和特色,还需要结合现代社会的需求和发展趋势,为这些建筑注入新的活力和用途。

建筑具有很长的使用寿命,延续使用实际上是人们对待旧有建筑的一种常态思维,自古既有。《重修华严寺碑记》记载,整修寺院"朽者更之,废者兴之,残者成之"。现代文物概念产生以前,由于政治、经济、社会等诸多因素,我国古代更多是通过对旧有建筑的维修、构件更换、重建来满足各类功能活动的需要。除非是遭遇自然灾害,通常采用的是更换建筑构成组件的方法,使得核心的建筑空间、等级秩序及建筑功能延续下去,其中,功能延续的利用最为普遍。

例如位于西城区后海鸦儿胡同 31 号的广化寺,其始建于元代,明天顺至成化年间(1457—1487)予以重修。由于得到内府太监苏诚的资助,重修后的广化寺规模宏大。到万历二十七年(1599),广化寺成为净土宗道场。清光绪二十年(1894)再次重修殿宇。清末民初,广化寺一度成为京师图书馆。1938 年,在画家溥心畬的捐助下,广化寺再次修缮。1939 年,广化寺创办了广化佛学院。1946 年又创办了广化小学,免费招生,直到 1952 年北京市教育局接办。1952 年 9 月,虚云法师来京驻锡广化寺[1]。广化寺的历史发展较为典型地反映了

---

[1] 参见北京市古代建筑研究所编:《北京古迹概览(上)》,北京出版集团公司、北京美术摄影出版社 2019 年版,第 224—225 页。

我国历史上对寺院、文庙等建筑的态度，是将功能的延续或再续放在首位。

现代文物概念逐渐形成后，人们对待文物建筑的态度也发生了转变。在文物建筑中，"保护"与"再利用"成为一对相辅相成的概念。保护工作的核心在于为文物建筑提供良好的生存环境，确保其历史真实性和完整性，从而为后续的再利用奠定坚实基础。而再利用则是在保护的基础上，充分发挥文物建筑的历史价值、科学文化价值和社会价值，通过各种方式使其重新融入现代社会，焕发新的生机与活力。这种再利用不仅有助于文物建筑的可持续发展，还能进一步推动保护工作的深入开展，形成良性循环。以元代的万松老人塔为例，该塔原为金元时期著名禅师万松行秀的墓塔，历经明代、清代及民国时期的多次重建与修缮，现今呈现为九层密檐式砖构塔形。值得注意的是，其塔体内部嵌套有元代原塔的结构，在北京地区实属罕见，因此成为探究北京密檐式塔发展历程的重要实物资料。万松老人塔所在的砖塔胡同，名称从元代沿用至今，是北京历史最悠久的胡同之一，这里曾居住过鲁迅、张恨水等名人大家，有着深厚的文化底蕴。2008年，西城区政府将万松老人塔住户腾退，并进行了修缮保护，但并未对外开放。2013年年底，为了更好地发挥其文化传播价值，西城区文委通过竞标方式，选择了民营机构正阳书局的运营方案。2014年，万松老人塔以书店、小型图书馆、阅览室、展陈室等多功能复合型公共文化空间——"北京砖读空间"面向社会免费开放，成为一处既展示文物建筑魅力，又通过古籍图书继承、发扬、传播老北京文化的特色空间。[1] 对文物建筑的"再利用"不仅有助于保护和传承文物建筑的历史文化价值，还能使其在现代社会中发挥新的作用，促进文化的多样性和社会的可持续发展。

二、基于双重属性的文物建筑保护利用理念

相较于现代建筑，文物建筑承载着更为悠久的历史和具有更为珍贵的价值，同时也面临着更多的风险。文物建筑不仅是建筑，更是历史的见证，是人类文明印迹的生动体现，蕴含着深厚的文化底蕴。在文物建筑的保护中需要充分考虑到其双重属性：一方面，作为文化遗产，文物建筑承载着丰富的历史文化信息，具有重要的纪念、教育、研究和展示价值；另一方面，作为建筑，文物建筑具备使用功能，需要在现代社会中继续发挥作用，实现文物的活化利用。

（一）文化遗产保护理念的发展趋势

文物建筑是重要的文化遗产，是人类共同的财富。对文化遗产的保护，"二战"后，在联合国教育、科学及文化组织（简称"联合国教科文组织"或"UNESCO"）的推动下，通过1954年《海牙公约》到2005年《文化多样性公约》的发展，逐步形成了四个层次的共识。

1. 尊重，防止对文化遗产的破坏

各国和国际社会有义务对体现人类文明发展成果的文化遗产予以尊重，不因占领、宗教、种族歧视或其他目的，对本国

---

〔1〕参见国家文物局《文物建筑开放利用案例指南》课题组主编：《文物建筑开放利用案例指南》，中国建筑工业出版社2020年版，第100—101页。

或他国的文化遗产加以破坏、掠夺或非法贩运，并采取措施禁止或防止此类行为的发生；对于已经发生的破坏、掠夺和非法贩运行为，则应尽力予以矫正和救济。1954 年《关于发生武装冲突时保护文化财产的公约》确立了在武装冲突中尊重和保护文化遗产的一系列具体法律制度与规则，并通过 1954 年和 1999 年两个议定书弥补了公约内容及其实施机制的不足。该公约在其序言部分首次提出了"人类文化遗产"（the cultural heritage of all mankind）的概念。1970 年《关于禁止和防止非法进出口文化财产和非法转让其所有权的方法的公约》确认了文化财产作为文明和民族文化的一大基本要素的重要性和原主国对于文化财产的权利，彰显了国际社会在遗产保护领域尊重和保障各国文化主权，促进文化交流和人类文明和平发展的决心。

2. 保护，采取适当技术与管理体系

通过采取适当的法律、科学、技术、行政和财政等各方面措施，对文化遗产的本体及与之密切相关的生境和风貌加以保护和修复，主要目的在于将文化遗产的外在表现形式及其所包含的历史、文化、科学技术等方面的信息，全面真实地传给子孙后代，以实现文明的延续。以 20 世纪 50—60 年代"努比亚遗址保护"等一系列多国合作保护重要文化和自然遗产行动为契机，联合国教科文组织于 1972 年推出《保护世界文化和自然遗产公约》（简称《世界遗产公约》）。该公约作为迄今为止文化遗产领域最具影响力的国际公约，确立了世界遗产保护和管理体系，不仅通过其名录、监测和国际援助等具体制度，弥补了国家一级在对全人类文明发展具有重要意义的文化和自然遗产保护方面的不足，还通过《实施〈保护世界文化和自然遗产公约〉操作指南》的不断修订，推动文化遗产保护理念和标准的更新与发展，保持世界遗产保护管理体系的开放性和活力，并激励缔约国采取与时俱进的遗产保护和管理措施，从而促进各国文化遗产保护管理水平的不断提升。

3. 认识，全面理解价值与文化利益

通过科学、合理和适当的方式，推进公众对文化遗产的接近、认识和享用，使公众能够全面理解文化遗产的价值及其所承载的文化利益，并切实受益。1997年，联合国教科文组织通过了《当代人对后代人的责任宣言》。该宣言特别提出："在充分尊重人权和基本自由的情况下，当代人应注意保护人类的文化多样性。当代人有责任确定、保存和保护物质及非物质文化遗产，并将这一共同遗产传给子孙后代。"

4. 传承，实现文化的可持续发展

可持续发展目标和文化多样性对文化遗产事业发展提出的最高要求，即将文化遗产视为经济社会可持续发展的重要资源，关注并正确处理文化遗产与其他可持续发展资源，与城市和社区发展之间的关系，通过文化遗产资源增进和保障人权、满足个体和集体发展需求。2001年，联合国教科文组织第29届大会通过了具有里程碑意义的《世界文化多样性宣言》，首次明确提出文化多样性"对人类来讲就像生物多样性对维持生物平衡那样必不可少，是人类的共同遗产"（第1条）。[1] 该

---

〔1〕 参见巴莫曲布嫫：《全球可持续发展议程与国际文化政策之演进：事件史循证研究》，载《民族文学研究》2021年第6期，第114—125页。

宣言也承认文化多样性是可持续发展的一个关键维度。2005年《保护和促进文化表现形式多样性公约》发展了《世界文化多样性宣言》的保护理念，具有立足当代、关注发展、面向未来的特点，将文化遗产事业置于自由贸易、人权保护、文化创新及其知识产权等更加广阔的视角和背景之下，为充分发挥文化遗产在当代社会建设和发展中的积极意义，加强文化遗产保护的适应性和可持续性，提供了推动力。[1]

(二) 文物建筑保护利用的基本原则

基于以上文化遗产保护相关国际条约的理念和文物建筑的双重属性，我国目前在保护和利用文物建筑中主要遵循以下几项原则。

1. 保护优先，确保文物建筑安全

文物建筑是不可再生的历史文化遗产，一旦损毁就无法挽回。因此，在文物建筑修缮、改造或开放利用时，必须将保护其历史风貌、结构安全及文化价值放在首位，确保任何行为都不会对这些珍贵的文化遗产造成损害或破坏，确保文物建筑的安全。这需要采取科学合理的保护措施，防止文物建筑受到自然和人为因素的破坏，在规划、设计、施工等各个环节都严格遵守文物保护的相关法律法规，以及加大监管和执法力度，严厉打击破坏文物建筑的行为。还需要竭尽全力减少岁月侵蚀和人为破坏对这些宝贵历史印记造成的损害，甚至在某些情况下努力使其恢复原貌，力求最大限度地实现文物建筑在历史文化

---

[1] 参见王云霞等：《文化遗产法中国与世界》，商务印书馆2024年版，第7—19页。

展示、学术研究、教育普及以及纪念缅怀等方面的功能，让更多的人能够亲身感受到历史的厚重和文化的魅力。

2. 尊重历史，保留文物建筑的实用功能

文物建筑作为历史的见证，其实用功能是历史赋予的。对文物建筑不仅要珍视其作为历史见证者的文化价值，还要注重保持和发挥其在实际生活中的使用功能。这要求在保护与修复文物建筑的过程中，不仅要关注对文物建筑外观和历史风貌的维护，还要充分考虑如何使其适应现代社会的需求，继续在社会生活中发挥作用。通过合理的改造和设计，可以在保留文物建筑历史特色的同时，赋予其新的生命力，使其成为连接过去与未来的桥梁。

3. 挖掘文化，传承文物建筑的精神内涵

文物建筑不仅是物质的存在，更是文化的载体。在保护与利用文物建筑的过程中，要深入探索和理解其所蕴含的历史文化、价值观念及民族精神，并通过多种途径将这些内涵传承下去。这要求不仅关注文物建筑的物质形态，更注重其背后的文化意义和精神价值。通过学术研究、教育普及、文化创意等方式，将文物建筑所代表的文化传统和民族精神融入现代社会，提升人们对传统文化的兴趣和认同感，从而实现文化的活态传承与创新发展。这样的传承不仅有助于增强民族自豪感和文化自信，还能为当代社会提供丰富的文化滋养和精神支撑。

4. 合理利用，发挥文物建筑的社会效益

文物建筑具有丰富的历史、艺术和科学价值，是宝贵的文化资源。在保护和利用过程中，在做好保护工作的基础上，通过科学规划和创新管理,将文物建筑融入现代社会生活,实现历史价值、文化价值与社会价值的有机结合。这要求既尊重文物建筑的历史原貌和文化特色,避免过度商业化开发,又积极探索其在新时代背景下的新功能和新用途,如文化展示、教育普及、社区服务等,以满足人民群众日益增长的精神文化需求。通过合理利用,文物建筑不仅可以成为传承和弘扬优秀传统文化的重要载体,还能促进当地经济社会发展,提升城市文化品位,增强民众的文化认同感和归属感,从而实现社会效益的最大化。

5. 可持续发展,实现文物建筑永续价值

文物建筑的保护和利用是一个长期的过程,需要坚持可持续发展的理念,平衡文物建筑的保护、利用与发展之间的关系,确保其历史、文化和社会价值得到长期、有效的传承与发扬。这要求在制定文物建筑保护与利用策略时,不仅关注当前的需求,还要预见并规划未来的发展方向,采用科学、合理且可持续的方法和技术进行保护与修复,同时积极探索文物建筑在当代社会的新功能和新角色,使其能够适应社会变迁,持续为公众服务,并为后代留下丰富的文化遗产。这样的方式可以确保文物建筑在时间的长河中永葆生机,实现其永续价值。

6. 公众参与,增强文物建筑保护社会支持

在文物建筑保护与利用的过程中,要积极鼓励并引导社会公众参与其中,通过提升公众对文物建筑价值的认识和保护意识的培养,形成全社会共同参与、支持文物建筑保护的良好氛围。公众参与不仅包括专业学者、文物保护工作者的努力,更

强调普通民众、社区团体、非政府组织等多元主体的参与和合作。文物建筑保护知识的普及活动、公开决策过程、志愿者参与保护项目等方式，可以有效增强公众对文物建筑保护的责任感，进而汇聚更广泛的社会力量，为文物建筑保护提供持续的社会支持和动力。这样的公众参与机制有助于达成文物建筑保护的社会共识，确保保护工作得到更广泛的认可和支持。

第二章 文物建筑腾退保护与活化利用法治保障现状

第一节 文物建筑腾退保护与活化利用法治保障研究现状

随着人们对文化遗产保护工作认识和理解的不断深入，学界对文物保护利用的相关研究的关注度也在不断提高。但是，相关法治保障的研究仍处于起步阶段，相较于文物保护利用的实践发展，仍有较大的进步空间。特别是关注文物建筑腾退保护和活化利用的专门研究尚显薄弱。

一、国内研究现状

（一）文物建筑腾退保护与活化利用的立法研究

文物建筑腾退保护的现行法律依据不足，学界部分学者将研究视角集中在立法方面。如付文军探讨了我国的文物行政许可制度（2016）；何鹏等对不可移动文物的价值评估和立法保护问题进行了研究（2014）；陈彬彬等对不合理使用文物建筑的腾退路径进行了研究（2018）；张舜玺以《文物保护法修订草案》争议焦点为引，提出文物"合理利用"立法的指引性规则（2016）。同时，学界还对文物保护进行了类型化保护立法研究，学者们基于自身研究领域，分别提出对民族民间文化遗产（张建世、臧小丽，2005）、红色旅游资源（刘建平等，2005）、古村落（于晓琪，2006）、工业遗产（李莉，2011）、名人故居（何佳珂，2011）、历史建筑和风土建筑（汤诗旷，2014）进行立法保护的建议，并进行了相关论证。柴荣提出我国现阶段的文物保护立法适宜采用综合立法模式（2016）；黄存平提出融水县"四全"，即全域、全历史时期、全类型、全民族深度挖掘历史建筑保护（2023）；游小睿提出上海宝山区城市更新工作的拆建型城中村文脉传承的多元路径（2023）；史立辉提出上海张园历史风貌区中实施的历史建筑"双四位一体守护焕新"模式（2023）。

另外，在文物腾退保护中，需平衡历史文化保护需求与经济发展、城市化等社会需求的关系，研究探讨如何在贯彻法律规定的同时权衡不同利益相关方的需求。多位学者建议我国文物保护立法应兼顾公共利益和私有财产权，完善文物私有财产权补偿与文物保护激励制度（梁岩妍，2019；胡大伟，2018；张国超，2018；范朝霞，2018）。

（二）文物建筑腾退保护与活化利用的行政执法研究

当前阶段，文物保护法律法规的执行依然面临挑战，例如执法力度、执法一致性，以及监管机制的建设和实践问题。于秀杰（2021）提出加强对文物保护点进行法律监管；于冰

（2018）提出国有文物不得作为企业资产经营的法律条文存在含义和逻辑上的歧义，在适用保障实现安全性和公益性两大立法目标的有效性上效果不佳；姜昕（2021）根据立法与司法实践，对不可移动文物认定提出对策及法理考量，认为其认定是后续实施保护和管理的前提和基础；苏炳豪（2017）对我国文物行政执法情况、张国超（2018）对文物行政执法体系构建、杨四好（2016）对文物保护管理工作分别展开了研究；袁宏磊（2018）提出文物保护执法要形成以文物保护执法机关为主、多个部门为辅的综合执法体系；陈彬彬、姚苹、邵芸（2018）认为，对于文物建筑的腾退，法律没有赋予建设部门和文物保护部门强制执行的权力；谢恒（2017）提出要健全不可移动文物的非国家管理主体责任体系；扈孝勇等（2017）对我国文物公益诉讼第一案——"郑州马固村文物公益诉讼案"进行研究，探讨了不可移动文物的司法保护问题。

在探讨如何更有效地将法律规定与文物腾退实践相结合，确保法治精神得到有效贯彻这一方面，许伟（2010）对文物的腾退的难题和其背后的原因作了部分阐释，并描述了文物的不合理占用的现状和相应解决办法；程彬彬等（2018）分析了不合理使用文物建筑的现状、文物建筑腾退过程中法律适用的主要障碍与在司法层面加速文物腾退的解决意见；丁燕、于冰（2021）根据《国务院关于进一步加强文物工作的指导意见》和意大利《文化和景观财产法典》的指导与经验，提出加强不可移动文物名录保障体系建设的建议；庄峻斐（2019）以上海市历史建筑保护工作现状为例，提出要合理利用文物资源，提高文物与旅游、文化、商业的融合度；桑振群、张振海、马振翔（2019）以党的十九大报告为引导，提出合理利用不可移动文物的现实意义、基本原则和实施途径；王京民（2019）基于北京汽车博物馆文物资产管理的实践，提出要解决文物资产管理的委托代理关系中由于信息非对称出现的"逆向选择"和"道德风险"问题；郑晓辉（2023）以越秀区为例，提出要解决文物活化利用面临政策瓶颈制约、国有文物单位不能开展营利性活动、现行相关标准规范难以适应文物活化利用要求的问题。

（三）文物建筑腾退保护与活化利用的法律适用研究

鉴于文物保护面临的新情况和新问题，很多学者提出修改现行法律法规的建议，推动法规制度的不断完善。在追究恶意损坏正在发现或已经认证的不可移动文物的单位及其责任人方面，何鹏、陈昊（2014）认为应当通过法律进行"双罚"，既对单位加大经济处罚，也要追究相关负责人的法律责任甚至是刑事责任。钱武生、金庆微（2020）从公益诉讼角度考虑，基于不可移动文物的公共性，认为将其纳入公益诉讼范畴具有内在合理性。常寅真（2018）根据《文物保护法》及其实施条例在实践中的执行情况，提出了相应的对策。

李政平（2016）对山西省盂县不可移动文物执法情况进行分析，认为除了制定法律规范予以约束，县政府更要高度重视文物保护工作，从全县经济文化协调发展的角度，统一协调各个职能部门以及各级村镇，对其进行合理规划，使不可移动文物保护真正被纳入综合发展规划当中。姚晨（2023）对县级政府在不可移动文物保护中存在的问题进行研究并提出相应对策。张松（2012）通过对上海市文物资源状况和城市文化遗产保护现状的分析，发现在不可移动文物保护中，由于政府投入资金不够充足，利用社会资金和市场机制进行文物修缮的相关政策措施尚不到位，大量文物古迹、历史建筑得不到修缮维护，部分文物保护单位和优秀历史建筑保存状况令人担忧。同时由于缺乏上海市地方的文物保护法规，市、区县级文物保护单位及登记不可移动文物的保护管理在一定程度上缺乏针对性管理规定。何鹏、陈昊通（2014）过对广州市轨道交通六号线二期工程工地大公山遗址、江苏镇江13座宋元粮仓、安徽泗县近千年的释迦古寺、广州黄埔军校四个案例进行分析，认为对于正在考古发掘过程中的不可移动文物的价值急需立法规范评估标准和保护程序。当前，多数学者提出在不可移动文物保护中存在三方面的问题：保护意识淡薄与立法不完善并存、行政执法难与监管薄弱并存、破坏行为频发与责任追究难并存（钱武生、金庆微，2020；何鹏、陈昊，2014；李政平，2016）。

在揭示文物腾退保护中的法律适用问题，探讨如何通过案例指导完善法治实践这一方面，很多学者从司法案例的角度进行了深入的分析。扈孝勇、赵小玉（2017）分析了我国不可移动文物保护现状及原因，通过对中国不可移动文物保护民事公益诉讼第一案的分析，进一步对不可移动文物法律保护体系中公益诉讼制度缺位进行了研究；周真刚、胡曼以贵州安顺天龙屯堡、云峰屯堡为个案，以权利主体为主线，理清了权利冲突背后的利益分配问题，将文物保护员制度推广至物质文化遗产的保护中，为文化发展权的实现提供制度和思想基础，完善非物质文化遗产私有财产权的补偿制度，可以有效促进文化遗产的保护，使文化遗产获得可持续发展。

（四）文物建筑腾退保护与活化利用的法治保障比较研究

文物腾退保护法治保障在不同国家和地区的情况有所不同，研究通过比较分析，借鉴国际经验为完善本国的法律体系提供参考。国外建筑遗产利用的管理制度、保护与再利用理论、实践案例引起了我国部分学者的关注。陈伟（2016）总结了一些文物保护先进国家在文物保护实践过程中积累的许多成功做法：欧共体各国注重综合治理的保护理念，在立法、行政、公民教育和专业人才培养等方面强调整体化发展；波兰将保护国家遗产与保护国家主权和领土完整、保障公民自由和人身安全列入宪法同一条款，明确国家对不可移动文物保护的高度重视；美国和波兰设立了合理的不可移动文物保护机构及其权限，通过专项立法预防城市发展对不可移动文物造成损害，并将法定保护范围不限于不可移动文物本身，合理解决了城市发展与不可移动文物保护的冲突；澳大利亚昆士兰州的《原住民文化遗产法》，通过"法定照顾义务"原则、"毯子"式追责原则，延伸追究刑事责任等法律规定，严格追究破坏不可移动文物行为的法律责任。这些可为我国的文物保护立法和实践提供了积极借鉴。赵夏、何流（2018）对国际发展、理论研讨、管理实践、遗产与社会四大方面的总结，涉及各国遗产保护体系中与历史建筑利用有关的管理制度。李弥（2019）对日本历史建筑的保存活用计划进行了研究，并梳理了日本历史建筑保存活用计划编制的法律基础、工作方法和工作流程。王珊（2015）研究了法国和意大利在文化遗产保护意识、法治建设、资金投入等方面对于我国的启示。

（五）文物建筑腾退保护与活化利用的公众参与研究

文物腾退保护不仅是政府的职责，也关系到民众的文化权利。这类研究关注如何通过法治保障促进公众参与文物保护，以及公众在法律框架下的权利与义务。梁岩妍（2015）提出文物保护事业是一项全民参与的事业，然而，我国的文物保护事业由政府主导，公众作用难以发挥，我国应当借鉴其他国家或地区的经验，构建并完善我国文物保护的公众参与制度，具体措施包括：设置社区、民间团体和企业多元主体参与模式，构建公众参与的权利保障机制，引入文物保护公益诉讼制度。陈彬彬、姚苹、邵芸（2018）认为，合理利用方面，不可移动文物的管理方引入社会机构的实际比例非常小。引进社会力量方面，无论是选择前期的腾退资金补充还是后期合理利用的方案招标，都是一种较好的方式。

二、国外研究现状

（一）文化遗产保护利用法律制度研究

在国际范围内，各国在文化遗产保护领域达成了一定的共识，并形成了一系列相关国际文件，主要经历了从1964年国际古迹遗址理事会（ICOMOS）的《威尼斯宪章》到1972年联合国教科文组织的《保护世界自然与文化遗产公约》的发展过程。历史文化遗产保护理念从单纯保护走向保护与利用并重；保护模式从民间自发活动向政府主导、社会参与的规范化方向发展。

  此外，每个国家的文物保护工作会受到本国法律体系、文化政策和社会经济环境的影响，具体的法治保障措施会有所不同。美国拥有一系列文物保护的法律和机构，如《国家历史保护法》（National Historic Preservation Act）、《文化资源管理规章》（Cultural Resource Management Regulations）和国家公园服务（National Park Service）。美国特别强调文物的利用与公众教育，并将许多历史建筑和遗址转化为博物馆和教育场所。美国在文物法治保障方面注重动态平衡保护与合理利用。英国的文物保护法律体系比较成熟，其中《古迹和考古区域法》（Ancient Monuments and Archaeological Areas Act）和《规划（上市建筑和保护区）法》[Planning (Listed Buildings and Conservation Areas) Act]是关键法律文件。英国历史环境局（Historic England）等机构负责文物的保护和管理。日本的文物保护法律体系则相当全面，包括《文化财产保护法》（Cultural Property Protection Law）等多项立法。日本强调文物的实地保护和保存，并且建立了国家重要文化财产的制度。韩国的文物保护主要遵循《文化财产保护法》，这项法律规定了文物的分类、登记、保护和利用规则。韩国文化财厅（Cultural Heritage Administration）是文化保护的主要负责机构。韩国的法律保障中还涉及文化财专业人员的角色和职责，体现了行政管理与文化财专业工作的结合。上述研究成果，对各国文化遗产保护行动产生了深刻的影响。历史文化遗产保护理念从单纯保护走向保护与利用并重；保护模式从民间自发活动转向政府主导、社会参与，进而向法制化、规范化的方向演进。

(二) 文化遗产保护法律实施状况研究

国外历史文物的腾退与保护工作历时较长，相关机构与组织的经验较为丰富，但整体看，受限于建筑私有化，西方国家历史建筑腾退为博物馆的类型并不十分丰富。其中，最具特色与时代性的有以下两种。

第一种是对区域迭代进行全面改革。这种模式是现代区域历史文物保护和利用的主导方式，可以被划分为专业型和生态型两大类。土耳其迪亚巴克尔博物馆是专业型模式的代表，其主要特点是强调博物馆的专业性。该项目将被拆除的建筑重新用于文化活动，并建立了考古博物馆、保护实验室、文献和档案存储设施，使迪亚巴克尔城堡成为一个融合了历史、自然、文化和科学元素的综合性博物馆。伦敦考文特花园是生态型模式的代表。在1978年，"考文特花园法案计划"得到了批准，该模式充分利用了市中心的地理位置优势，在不损害历史建筑的基础上，积极推动新型商业模式的融合入驻。

第二种形式是对传统古堡进行的现代改造。许多欧洲古堡被改建为博物馆的实例可以归纳为两大类：一种是以意大利的米兰斯福尔泽斯科城堡博物馆为标志的物理空间的更新；另一种展示形式是以塞浦路斯的凯里尼亚城堡为典型的专业展览。这座城堡是塞浦路斯保存最为完好的城堡之一，曾经作为监狱和行政中心使用。

除此以外，国外在历史建筑保护和利用方面的创新方式还包括以希腊海洋历史博物馆为代表的工业遗迹改造，以及以日本川越市的传统建筑群为代表的社区展览和建设等多种模式。在文物腾退保护实践的基础上，国外学者对文物腾退保护的法治保障的研究主题呈现多样化。

在文物与城市更新的关系、本土文化及法律保护的问题研究中，玛尔塔·德拉托瑞在《遗产保护的价值问题》一文中讨论了遗产及遗产价值概念的扩展引起遗产保护实践变化的过程，认为理解以价值为基础的保护核心取决于遗产价值的内在属性（赋予性、多重性、易变性、不可通约性和矛盾性）。伯纳德（2022）在其研究中重建了意大利第一部保留主义文化财产法的辩论，并分析了一系列案例研究来证明这类法律的效力。巴克莱（2021）通过分析政府行使其主权，抑制了宗教自愿主义的重要理想——宗教自愿主义的能力，进一步探讨了美国文化遗址及遗物的保护问题。此外，也有学者关注了私人财产所有者在文物保护中的角色。

在与文物相关的法律框架与实践、文化遗产与社会效益之间的关系、文物的可持续利用问题的研究方面，2015 年 Janet Blake 编纂的《国际文化遗产法律》第一章《评估与文化遗产保护》，对 1945 年以来国际文化遗产法律和政策的发展进行了全面概述，并分析了英国法律体系以及实施情况。哈特菲尔德、凯瑟琳（2018）侧重于探究历史性城市建筑的保存与现代城市规划的平衡。他们认为，历史保护虽然不会解决经济适用房危机，但可以而且应该被用作拯救现有住房，并在我们最脆弱的社区，在社会、文化和物质上被抹去之前保护它们的历史。

在文化财产的法律保护，包括研究文化财产保护法的内容和实施问题研究方面，朴正熙（2008）在其研究中指出，由于韩国的文化财产保护法的授权规定是宪法赋予财产权，国家承认文化财产所有权的私有性，并考虑到公共福利和文化财产作为公共资产，两种法律的利益是平衡的。也有学者探讨了实地保护文物的策略与博物馆收藏的法律问题。申平（2014）认为，韩国政府经常承诺并制定恢复庆州文化遗产的计划，但未能取得任何重大成果，失败的主要原因是缺乏相关法律。

（三）文化遗产活化利用研究

在文物的活化利用方面，有一些学者认为文化遗产资源可以进行价值转化。Massimiliano Mazzanti（2002）从文化遗产资本的角度将文化遗产视作经济产品，并对其合理性和必要性进行了论述。Aplin G（2007）从经济的视角出发，论述了文化遗产可以作为经济产品并产生效益，同时也会为经济的增长做出贡献。Graham 和 Howard（2008）认为应该注重文化遗产的价值，如今不仅应将文化遗产视为一种传统，更应将文化遗产视为一种文化、政治和经济资源。Ummu、Irna（2012）等认为实现文化遗产保护的具体途径是发展文化创意产业。

在国外，文化遗产活化主要指文化遗产复兴以及遗产的再利用。Alison Maggs（1998）以世界文化遗产弗里曼特尔监狱的活化利用状况为例，细致分析了遗址再利用的利弊。Shackel P. A.（2006）提出工业遗产的活化利用要考虑到社会和文化方面的因素。Ashworth（2009）从经济学角度出发，认为遗产活化需要通过经济的协同来实现。Monika（2013）认为在文化遗产商业化的过程中为了更好地实现遗产活化应更加注重社区关系的处理。

三、国内外研究现状述评

我国对不可移动文物的保护与利用法治保障问题的研究呈现从法治保障基础理论研究到立法保障研究，从概括法治保障研究到分类法治保障研究，从单一部门法保障研究到多部门法综合保障研究的发展趋势。国内相关研究为本书提供了理论基础，然而还存在一些缺憾：一是对我国不可移动文化遗产保护与利用法治保障的现实情况关注不够，欠缺实证研究；二是涉及文物腾退与征用中行政执法方式的改进和协作的研究较多，对使用司法方式促进文物腾退与征用的关注不够；三是关于文化遗产保护的研究比较充分，对文化遗产利用方面的法治保障研究滞后于我国文化遗产利用的实践和文化遗产活化的保护理念。

近年来，对不可移动文物保护的忽视，导致其历史价值、经济价值和科学价值没有得到充分展现。保护不可移动文物的工作向法治化靠拢迫在眉睫。但目前我国学者对文物腾退保护与活化利用的研究更多的是在法律制度方面，缺少较为深入的个案探讨，也缺乏对地方保护法律政策的梳理和实施情况的跟踪分析。

在对比中可以发现，虽然各国均关注文物腾退的法治保障，但是各有侧重点。例如，美国较为关注城市规划与本土文化的保护，英国侧重于文化遗产与社会效益的结合，德国强调文化遗产的全球责任，而意大利则集中于文化遗产旅游与古迹保护之间的平衡，日本和韩国则更关注文化财产方面的议题。在全球范围内，文物保护正逐渐成为国际合作的重要议题，国际非政府组织如联合国教科文组织也在推动保护文化遗产的全球性立法和政策制定。我国分别加入了国际古迹遗址理事会和联合国教科文组织，在文化遗产保护方面与相关国家及国际组织展开了多层次、多领域的合作。国外相关研究对于我国文化遗产的保护和利用具有重要参考价值。但是由于法律体系和管理体制的差异，在借鉴国际先进理念和制度时，需要根据我国现行的法律和文物保护的现状，进行深入研究，探索适合我国国情的借鉴方式。

在此基础上，本书将进行总结，并进一步研究北京文物腾退保护与活化利用的法治保障现状、法治保障面临的问题、法治保障路径和法律完善建议等问题。在实体法保障层面，拓展文化遗产保护中公共权益与私法权利关系的研究，包括不可移动文物作为特殊的不动产，其腾退与使用中公共利益与使用人私法权利的平衡，以及基于产权单位的私法权利解决文物腾退和征用问题。在程序法保障层面，研究民事诉讼、公益诉讼和多元化纠纷解决机制在文物保护与利用案件中的适用，丰富解决争议的司法手段。在法律执行保障层面，针对文物利用行为，研究建立文物利用的审核—准入—监督—退出机制，对现有文物保护法律具体运行进行细化完善。

第二节　我国文物建筑保护利用的法治建设历程

1982年《中华人民共和国文物保护法》颁布，我国文物保护工作开始走上法治保障道路。1987年1月1日起，我国现行有效的文物保护地方性立法共计329项，其中地方性法规238项，地方政府规章91项。我国现已基本形成以《中华人民共和国文物保护法》为核心法律依据，行政法规为支撑，以部门规章、地方性法规、地方政府规章、各种规范性文件和行业标准约束，以相关政策、规划为保障，积极响应国际公约中符合我国传统文化特色的文物保护政策法律法规体系。

一、文物建筑开放展示的萌芽（近代）

我国现代意义的文物保护观念产生于20世纪20年代，一批接触了西方思想的学者开始了解西方对文化遗产保护的基本理念和措施，提出了关于文物建筑保护的观点。随着洋务运动的兴起，新式学堂和西式建筑的兴起，一些具有历史价值的建筑开始逐渐受到社会的关注。同时，教会活动也促进了西方博物馆理念的传入，为中国近代博物馆的诞生奠定了基础。这些博物馆不仅收藏、保护和研究文物，还开始向公众开放展示，使得文物建筑的功能从单一的封闭状态逐渐向开放展示转变。

此外，维新人士在提倡新式教育的过程中，也提出了兴建现代化博物馆的主张，进一步推动了文物建筑开放展示的发展。这些初步的探索和实践，为我国文物建筑保护利用规则的建立和完善提供了宝贵的经验。例如，朱启钤任北洋政府内务总长期间，发动捐款将皇家建筑——社稷坛开辟为公园，这成为文物建筑利用意识萌芽性发展的一个较早实例。文物建筑不再仅是被封存的皇家或贵族财产，而开始对外开放，供公众参观。例如，故宫博物院成立后，在故宫展示相关文物，使大量珍贵的文物得以展示，让公众有机会近距离接触和了解。

民国时期政府开始介入文物建筑的保护和利用工作。1925年10月，故宫博物院成立，在故宫展示相关文物。1946年，国民政府将古物陈列所和故宫博物院合而为一，统称故宫博物院，又陆续开放了天坛、先农坛、文庙、国子监、颐和园、玉泉山等多处名胜风景区。

文物建筑不再只是单纯的展示场所，开始被赋予更多的功能。一些城市的公园开始设置在文物建筑附近或内部，使公众在欣赏文物的同时，也能享受休闲和娱乐。如1918年浙江乐清县将城外西北隅的社稷坛旧址改为公众运动场。20世纪30年代，一些城市如南京、杭州、济南、青岛、广州、天津等地都设置了公园。社会各界开始积极参与到文物建筑的保护和利用中来。例如，朱启钤发动绅士、商人捐款，体现了社会各界对文物建筑保护和利用的关注和支持。

总的来说，近代对文物建筑保护利用的做法体现了开放、展示、保护、政府推动、多功能利用和社会参与等特点。这些做法不仅有助于文物建筑的保护和传承，也丰富了公众的文化生活，推动了文化进步。

二、文物建筑保护利用规则的初步探索（中华人民共和国成立至 20 世纪 70 年代）

中华人民共和国成立至 20 世纪 70 年代，我国文物建筑保护利用规则的初步探索经历了从无到有的过程。面对文物保护的严峻形势，国家相继出台了一系列法规性文件，如《中央人民政府政务院关于保护古文物建筑的指示》等，明确提出了保护文物的原则和要求，为文物建筑保护奠定了法律基础。这一时期，文物利用的概念已初步形成，但主要集中于直接利用和经济利益的考量，且受经济条件和政治运动的影响，文物建筑保护利用的实践相对有限。然而，这些初步探索为后续文物建筑保护利用工作的深入开展奠定了基础。

中华人民共和国成立初期，国家对文物建筑的态度以保护为主，在利用方面采取了就地组织展览，对当地群众进行宣传教育的方式。[1] 1953 年颁布的《中央人民政府政务院关于在基本建设工程中保护历史及革命文物的指示》规定："现在全国各地正展开大规模的基本建设工程，各工程地区已不断发现古墓葬、古文化遗址，并已掘出了不少古代的珍贵文物。在地面上，亦有在建设工程中拆除若干古建筑或革命纪念建筑的情况。因此，对于这些地下、地上的文物、建筑等如何及时做好保护工作，并保证在基本建设工程中不致遭受破坏和损失，实

---

[1] 参见王运良：《文物保护单位制度与建国初的文物保护形势——新中国文物保护制度的背景考察之三》，载《中国文物科学研究》2011 年第 9 期，第 75—78 页。

为目前文化部门和基本建设部门的共同的重要任务之一。"文件对文物保护的责任主体、文物保护的协作机制、不同类型文物保护的具体措施进行了规定。

文件指出:"我国文化悠久,历代人民所创造的文物、建筑遍布全国,其中并有很大部分埋藏地下,尚未发掘。这些文物与建筑,不但是研究我国历史与文化的最可靠的实物例证,也是对广大人民进行爱国主义教育的最具体的材料。"其已经初步认识到文物的展示教育价值,规定"各地发现的历史及革命文物,除少数特别珍贵者外,一般文物不必集中中央,可由省(市)文化主管部门负责保管,并应就地组织展览,对当地群众进行宣传教育"。利用文物就地展示对民众进行教育,是中华人民共和国成立后首次提到文物建筑利用的思路。这一阶段对文物的利用仍然主要体现在展示层面。

1961年3月4日,国务院正式发布《关于发布〈文物保护管理暂行条例〉的通知》《关于进一步加强文物保护和管理工作的指示》《关于公布第一批全国重点文物保护单位名单的通知》三个文件。《文物保护管理暂行条例》是中华人民共和国首部综合性文物保护法规,标志着我国开始建立具有法律定位的"文物"概念,是《中华人民共和国文物保护法》的前身,包含了文物保护法的一些基本思想和管理思路。

《文物保护管理暂行条例》规定:"在中华人民共和国国境内,一切具有历史、艺术、科学价值的文物,都由国家保护,不得破坏和擅自运往国外。各级人民委员会对于所辖境内的文物负有保护责任。一切现在地下遗存的文物,都属于国家所有。"该条例还明确了县（市）级—省级—国家级的分级管理体制，并第一次对各级文物保护单位的核定、维护、使用、迁移、拆除等作出明确规定。从此，我国步入了依法管理文物工作的轨道。[1]

《文物保护管理暂行条例》提出对不可移动文物管理工作的"四有"要求。在此基础上，确立了"重点保护、重点发掘，既对文物保护有利又对基本建设有利"的"两重两利"要求，形成了我国当时文物保护与利用的原则。这一原则是基于我国当时的国情与经济、管理能力，同时又肩负着提高我国的整体艺术素养、传播民族文化的要求。由此建筑遗产本身的历史、文化、艺术价值得以体现。

《关于进一步加强文物保护和管理工作的指示》按照《文物保护管理暂行条例》的精神，主要强调四个方面的问题：一是凡具有历史、艺术、科学价值的文物都要保护，贯彻"两重两利"方针；二是文物修缮，尽可能保持文物古迹工作的原状，不应当大拆大改或者将附近环境大加改变；三是继续文物普查，公布各级文物保护单位；四是向群众加强宣传，使文物保护成为广泛的群众性工作。该指示还特别强调："保护文物古迹工作的本身，也是一件文化艺术工作，必须注意尽可能保持文物古迹工作的原状，不应当大拆大改或者将附近环境大加改变，那样做既浪费了人力、物力，又改变了文物的历史原貌，甚至弄得面目全非，实际上是对文物古迹的破坏。"同年，

---

[1] 参见钱文艳：《新中国成立初期国家对文物的保护——以浙江为个案的考察》，载《江西社会科学》2013年第10期，第110—115页。

公布了第一批全国重点文物保护单位的名单，共计108处。

根据《文物保护管理暂行条例》，文化部还分别于1963年4月17日颁发了《文物保护单位保护管理暂行办法》，于1963年8月27日颁发《革命纪念建筑、历史纪念建筑、古建筑、石窟寺修缮暂行管理办法》，于1964年9月17日发布经国务院批准的《古遗址古墓葬调查发掘暂行管理办法》，初步形成了以《文物保护管理暂行条例》为依据的一套中国文物法规。然而由于"文革"的影响，这些法律文件并没有得到很好的执行，大量文物在政治活动中被破坏。

三、文物建筑保护利用法律制度体系逐步建立（20世纪80年代至2012年）

自20世纪80年代起，中国文物建筑保护利用的法律制度体系逐步建立并不断完善。1982年，《中华人民共和国文物保护法》的颁布，标志着中国文物保护事业步入法制化轨道。该法确立了"保护为主、抢救第一、合理利用、加强管理"的工作方针，为文物建筑保护提供了法律依据。此后，随着文物保护意识的增强和社会发展的需要，我国不断修订和完善相关法律法规，逐步形成了包括《中华人民共和国文物保护法》在内的多层次、多领域的文物保护法律体系。同时，地方政府也制定了相应的地方性法规和规章，进一步细化和补充了国家层面的法律规定。这一法律制度体系的建立，为文物建筑的保护和利用提供了有力的法律保障，促进了文物保护和利用事业的健康发展。

2002年修订的《中华人民共和国文物保护法》更是将"保护为主、抢救第一、合理利用、加强管理"的文物工作方针上升为法律规定，进一步强化了文物建筑保护利用的法律地位。文物建筑的保护工作始终坚持"保护为主、抢救第一、合理利用、加强管理"的原则。在确保文物建筑安全的基础上，合理利用和管理也是保护工作的重要组成部分。通过合理利用，可以让更多人了解和欣赏文物建筑的价值，同时也能为文物建筑的保护提供资金支持。管理方面的工作则注重建立健全的管理制度和工作机制，确保文物建筑的日常维护和保养工作得到有效落实。

在文物建筑保护利用方面，我国积极借鉴国际经验，引入先进理念和技术。《威尼斯宪章》《马丘比丘宪章》等国际保护和修缮理论被引入，为我国的文物建筑保护提供了参考。同时，我国还大量出版了关于古建筑修缮、文物保护的著作，推动了相关理论研究和实践的发展。

进入21世纪，国家连续出台了一系列关于文物利用的文件。文物作为历史文化实证及对公众进行教育的作用始终未变，治理理念从保护为主走向保护与利用并重。在文物建筑保护利用过程中，注重平衡保护与利用的关系至关重要。一方面要确保文物建筑的安全、完整、不受损害；另一方面也要充分发挥其历史文化价值和经济价值。为此，国家出台了一系列文件和规定来规范文物建筑的利用行为。例如，《关于加强文化遗产保护的通知》明确提出要关注过度利用问题并予以纠正；《国有文物保护单位经营性活动管理规定（试行）》则明确了国有文物保护单位的经营性活动不得背离公共文化属性等原则。

四、统筹文物建筑保护与利用的全新法治理念（2012年至今）

进入新时代，我国文物建筑保护利用工作秉持全新的法治理念，强调保护与发展的辩证统一，即在保护文物建筑的同时，注重合理利用，促进经济社会与文化传承的协调发展。这一理念注重法治化建设，通过不断完善相关法律法规和政策制度，如修订《中华人民共和国文物保护法》，为文物建筑保护和利用提供坚实的法律保障。同时，加强部门协作和社会参与，形成政府主导、多方参与的工作格局，共同推动文物建筑保护和利用工作的深入开展，并鼓励和支持社会力量积极参与。此外，还注重科技支撑和创新驱动，运用数字、人工智能等手段，提高文物建筑保护和利用的科学性和有效性，让文物建筑在新时代焕发新的生机和活力。这一全新法治理念的实施，为我国文物建筑保护和利用工作提供了全面、深入和有力的指导。

在文物建筑保护利用过程中，注重平衡保护与利用的关系是至关重要的。《国家文物局 2014 年工作要点》中首次提出"要统筹文物保护利用，强调提升服务社会的水平"。一方面，要确保文物建筑的安全、完整、不受损害；另一方面，也要充分体现其历史文化价值和经济价值。在保护和利用过程中，需要科学评估文物建筑的价值和承载能力，制定合理的保护和利用方案，确保文物建筑的可持续利用。

文物建筑的合理利用是保护和利用工作的重要方向之一。

2015年版《中国文物古迹保护准则》对合理利用问题专辟章节，分别从功能延续和赋予新功能等角度，阐述了合理利用的原则和方法。通过合理利用，可以让更多人欣赏文物建筑，同时也能为文物建筑的保护提供资金支持。在合理利用过程中，需要注重保持文物建筑的原真性和完整性，避免过度商业化和娱乐化。同时，也要注重发挥文物建筑的社会教育功能，让更多人进一步了解历史文化。

2016年3月，国务院印发《关于进一步加强文物工作的指导意见》（以下简称《意见》）。《意见》提出对不可移动文物保护，除了继续强调开展抢救性保护，还要加强文物日常养护巡查和监测保护，重视岁修，减少大修。《意见》对拓展利用提出了具体要求，特别是适应当前经济发展新常态，提出要大力发展文博创意产业，扩大引导文化消费，培育新型文化业态，适应了当前形势发展和经济社会发展的需要，充分体现了文物工作服务大局、改革创新的基本原则。

要充分吸取以往文物利用中出现的不当、过当等教训，强调要合理、适度利用，提出了任何文物利用都要以有利于文物保护为前提，以服务公众为目的，以彰显文物历史文化价值为导向，以不违背法律和社会公德为底线。要对文物利用作出程序、制度上的严格规定，坚决防止在利用过程中对文物造成损坏。[1]

---

〔1〕 参见刘玉珠：《擦亮文物的文化内涵与时代价值——国家文物局局长刘玉珠就〈关于进一步加强文物工作的指导意见〉答记者问》，载《中国长城博物馆》2016年第1期（总第61期），第13—15页。

2016年4月，习近平总书记对文物工作作出重要指示，要求切实加大文物保护力度，推进文物合理适度利用，努力走出一条符合国情的文物保护利用之路。2016年《中华人民共和国文物保护法修订草案（送审稿）》为拓展文物的合理利用，设专章（第六章）对文物合理利用的原则、措施和具体要求作了规定。这一变化引起了社会各界的极大争议，最终审议通过的《中华人民共和国文物保护法（2017年修正）》去除了草案中"第六章合理利用"的全部内容。

2017年，国家文物局发布了《文物建筑开放导则（试行）》（以下简称《导则》），鼓励文物建筑采取不同形式对公众开放，强调文物建筑开放利用的社会性和公益性，明确了文物建筑开放利用的一般条件和要求。《导则》的出台，从理念和技术层面为各地文物建筑开放利用指引了方向。

2018年，中共中央办公厅、国务院办公厅印发了《关于实施革命文物保护利用工程（2018—2022年）的意见》，对推进革命文物保护利用传承、加强革命文物保护修复和展示传播、深化革命文物价值挖掘和利用创新等提供了指导。

2018年10月，中共中央办公厅、国务院办公厅联合印发的《关于加强文物保护利用改革的若干意见》提出，文物合理利用不足、传播传承不够，让文物活起来的方法途径急需创新；支持社会力量依法依规合理利用文物资源，提供多样化、多层次的文化产品与服务。文化遗产的合理利用再次成为文物保护立法工作的研究重点。

2019年12月5日，第七次全国文物保护工程会在杭州举行。会上,国家文物局首次对外发布《文物建筑开放利用案例指南》(以下简称《指南》),倡导正确的文物保护理念,推介正确的开放利用方法,并积极鼓励地方政府、管理部门和文物建筑管理使用单位进一步加大文物建筑开放力度。

为进一步促进文物合理利用,推动文物建筑开放工作,明确开放使用的条件、要求和操作规范,提高开放的主动性、公益性,2019年12月24日,国家文物局印发了《文物建筑开放导则》。

2021年3月,财政部、国家文物局联合印发了《国有文物资源资产管理暂行办法》(财资〔2021〕84号)(以下简称《办法》)。《办法》的总体定位是:保障国有文物资源资产安全完整、有效保护和合理利用,明确了文物资源资产管理遵循保护为主、全面登记、合理利用、动态监控、分类施策、分级管理的原则。《办法》还强调了加强文物利用的要求,"让文物活起来",即博物馆(纪念馆)、图书馆等管理收藏单位应当加强文物资源资产展示利用管理,有效盘活文物资源资产,提高文物资源资产利用效率,充分发挥文物的宣传教育作用,以满足社会公共的文化需求。

2023年10月20日,文物保护法修订草案提请十四届全国人大常委会第六次会议首次审议。该修订草案坚持把保护放在首位,进一步完善文物保护管理制度,将实践证明的有效制度上升为法律,如将"先考古、后出让"的精神、不可移动文物保护规划制度、地下文物埋藏区和水下文物保护区制度等写入草案,并进一步强化了各级政府对确保文物安全的责任。同时，修订草案重视动员社会力量参与文物保护，增加了涉及文物保护的投诉、举报制度，并要求新闻媒体开展舆论监督。为了让文物"活"起来，发挥其历史承载者和传播者的作用，修订草案鼓励在确保文物安全的前提下，推进文物有效利用，并加强文物保护数字化工作。草案在总则中明确了文物合理利用的基本原则，并针对不可移动文物、馆藏文物等不同类型的文物，明确了通过建立博物馆、纪念馆、保管所、考古遗址公园以及借用、在线展览等多种方式，以加强对文物的保护并展示其价值，开展宣传教育，有效提高文物利用效率。

2024年6月25日，文物保护法修订草案提请全国人大常委会二次审议。草案二审稿吸纳各方面意见建议，明确了多项重要举措：加强文物普查和专项调查，提高文物保护信息化建设水平，并加大文物保护专业人才培养力度；突出和完善与中国共产党有关文物的保护，体现鲜明的立法导向；加强文物消防安全管理，明确不可移动文物的所有人或使用人的消防安全管理责任；推动文物活化利用，鼓励博物馆等单位挖掘和阐释文物价值，支持文物收藏单位开展展览展示、宣传教育和科学研究等活动；鼓励和支持社会力量参与文物保护事业，健全社会参与机制，调动社会各界积极性。未来，随着相关政策的进一步落实和执行，我国文物事业有望迎来更加繁荣的发展时期。

2024年11月4日文物保护法修订草案三审稿提请十四届全国人大常委会第十二次会议审议。修订草案三审稿作出多处完善。明确了文物认定的主体、标准和程序，由国务院规定并公布。规定了文物收藏单位应当依法履行合理注意义务，对拟征集、购买文物来源的合法性进行了解、识别。增加了国家鼓励公民、组织合法收藏，加强对民间收藏活动的指导、管理和服务；国家禁止出境的文物的具体范围，由国务院文物行政部门规定并公布的规定。还按照立法技术规范，完善刑事责任规定，并按照过罚相当的原则，科学设定有关行政处罚。

2024年11月8日《中华人民共和国文物保护法》由第十四届全国人民代表大会常务委员会第十二次会议修订通过，自2025年3月1日起施行。

第三章　北京文物建筑腾退保护的法治保障现状

北京的文物建筑十分丰富，保护好、传承好、利用好、发展好这些文化，是建设人文北京和世界城市的重要内涵，对增强北京发展的软实力、影响力和竞争力具有独特作用。近年来，北京市通过采取积极推进立法、加强执法检查、完善协调机制、加大资金投入等措施，确保文物建筑得到有效保护。然而，北京市文物建筑腾退保护工作的责任重大、任务艰巨。搬迁文物占用单位、腾退文物建筑，是一项任重道远的工作。

第一节　北京历史文化名城保护的法治进程与规划思路

北京历史文化名城保护的核心在于维护其丰富的历史文化遗产，而文物建筑作为这一遗产的重要组成部分，其腾退保护工作直接关系到名城保护的整体效果。腾退不符合历史文化名城保护规划的建筑物，为文物建筑腾出空间，恢复其历史风貌和功能，是保护北京历史文化名城的重要举措。这一过程不仅有助于保留城市的历史记忆和文化特色，还能够促进文物的合理利用，为城市的文化旅游和经济发展注入新的活力。

一、北京历史文化名城保护的法治发展进程

北京历史文化名城保护中的法治保障进程持续推进，通过一系列地方性法规的制定与实施，构建了全方位、多层次的法治保障体系。这些法规明确了保护的范围、责任主体、保护措施及利用方式，强调公众参与和社会监督，为历史文化遗产的系统性保护提供了坚实的法律支撑，确保了北京历史文脉的传承与现代城市发展的和谐共生。

北京1982年被确定为全国第一批历史文化名城。2005年，北京市制定了《北京历史文化名城保护条例》（下文简称《条例》）。自《条例》实施以来，北京历史文化名城保护工作有法可依，并在积极开展中获得了可喜的成绩，在促进北京市历史文化名城保护、维护历史文化遗产完整、推动历史文化传承与发展等方面发挥了重要作用。[1]

2010年，北京历史文化名城保护委员会正式成立，并召开第一次会议。提出要"充分认识北京历史文化遗产的价值，充分发挥北京历史文化遗产在弘扬中华文化中的独特作用，增强保护北京历史文化名城的紧迫感、责任感，切实履行好保护历

---

[1] 参见《关于北京历史文化名城保护条例贯彻实施情况的报告（书面）——2015年7月24日在北京市第十四届人民代表大会常务委员会第二十次会议上》，载《北京市人大常委会公报》2015年第8期，第30—42页。

史文化名城的职责"。

2011年12月4日,《北京市"十二五"历史文化名城保护建设规划》正式发布。"十二五"时期是北京城市总体规划实施的第二个五年计划时期,是实现总体规划目标的重要发展阶段。该规划适用于北京16410平方公里的市域范围,规划期限为2011—2015年。规划明确指出:"旧城依然是历史文化名城保护的重点和核心,'十二五'期间,历史文化名城保护范围将外延,拓展至整个北京市域。""十二五"时期北京历史文化名城保护目标是要以更大的保护力度、更广的保护范围、更高的保护水平和五年的实施周期,形成旧城整体保护趋于完善、市域文化遗产系统性保护初步建立的北京历史文化名城保护格局。[1]

2011年,西城区成立历史文化名城保护委员会。2012年,制定区名城委工作规则和专家制度,成立西城区历史文化名城保护促进中心,提出构建"四名"工作体系。经过不断完善和深化,区名城委陆续成立四合院建造、胡同保护、青年工作者、志愿者、文化遗产传播等5个专委会。此外,西城区政府还编制了《北京市西城区"十二五"时期历史文化保护区保护与发展规划》。北京市东城区政府编制了《东城区总体发展战略规划(2011—2030年)》。[2] 2012年12月,东城区启动"钟鼓楼广场恢复整治项目",试图将什刹海历史文化保护区的

───────────

〔1〕 参见张宝秀:《三山五园的地位与定位》,载《北京联合大学学报》(人文社会科学版)2014年第1期,第60—61页。

〔2〕 参见姜立光、缪剑虹:《北京老城保护和街区更新的西城实践》,载《北京规划建设》2019年第S2期,第22—27页。

核心区——钟鼓楼地区的一部分拆建为广场,引来海内外舆论的广泛关注。[1]

2013年,北京市城市规划设计研究院报告指出,《北京城市总体规划(2004年—2020年)》实施以来,全市人口增量的60%,经济增量的73%,城镇建设用地增量的50%仍集中在以旧城为核心的中心城,中心城仍是全市人口和经济发展的主要承载区。

2016年4月,国家文物局审核并原则上同意《故宫保护总体规划》,提出了具体修改意见。结合《故宫保护条例》《故宫保护总体规划》编制工作,研究与现行的《北京皇城保护规划》《北京旧城二十五片历史文化保护区保护规划》《历史文化名城名镇名村保护条例》《北京历史文化名城保护条例》等相关保护规划和条例相衔接,共同为故宫的保护利用发挥保障作用。

北京市政府出台《关于组织开展"疏解整治促提升"专项行动(2017—2020年)的实施意见》,东城区发布《实施"文化强区"战略推进全国文化中心建设行动计划(2017—2020年)》,西城区通过《关于扎实推进街区整理不断提升城市品质的决议》等政策。以此为契机,推动疏解非首都功能,助力北京成为彰显文化自信与多元包容魅力的世界文化名城,弘扬中华文明和引领时代潮流的世界文脉标志。[2]

---

[1] 参见王军:《坚守北京历史文化名城保护的底线》,载《北京观察》2014年第4期,第22—27页。

[2] 参见姜立光、缪剑虹:《北京老城保护和街区更新的西城实践》,载《北京规划建设》2019年S2期,第22—27页。

2017年，西城区第十六届人民代表大会第二次会议和第三次会议分别通过了《关于加强历史文化名城保护提升城市发展品质的决议》和《关于扎实推进街区整理不断提升核心区品质的决议》，将历史文化名城保护和街区更新作为全区人民共同奋斗的事业。同时，自2017年起，西城区启动了中华人民共和国成立以来最大规模的文物腾退工作，从直管公房入手，共计启动52处直管公房文物腾退，总投入超过45亿元，确定了腾退后文物建筑主要用于展览展示、参观游览、文化交流、公共服务、文化体验服务、非遗传承和公益性办公等的使用方向。机制的逐步完善，使文物活化利用的社会效益显著提高。[1]

2017年，北京历史文化名城保护进入了新阶段，2017年9月13日，党中央、国务院对《北京城市总体规划（2016年—2035年）》作出批复，专门就"精心保护好历史文化金名片"提出明确要求。该规划中一个重大变化就是将旧城改为老城。按照《北京城市总体规划（2016年—2035年）》的要求，北京历史文化名城保护范围包括老城、中心城区、市域和周边区域，重点是老城和三山五园以及大运河文化带、长城文化带、西山永定河文化带，内容涉及世界文化遗产、历史河湖水系、历史建筑及工业遗产、地理形态、山水环境、历史文化街区及特色地区、古树名木、名镇名村及传统村落、非物质文化遗产、风景名胜区等10个方面。与此同时，还结合功能疏解、

---

[1] 参见姜立光、缪剑虹：《北京老城保护和街区更新的西城实践》，载《北京规划建设》2019年S2期，第22—27页。

严格控制高度、恢复历史水系、塑造文化精华区、加大整治和治理力度等新的举措，进一步强化了对世界遗产及文物、历史建筑及工业遗产、历史文化街区及特色地区、名镇名村及传统村落、风景名胜区、历史河湖水系、山水格局与城址遗存、古树名木、非物质文化遗产等 6 个方面的保护传承与合理利用，大大丰富了历史文化名城保护的相关内容。

总规中提出："2035 年把北京建设成为彰显文化自信与多元包容魅力的世界文化名城的目标。"为达到世界文化名城的目标，北京要充分发挥首都凝聚荟萃、辐射带动、创新引领、传播交流和服务保障的五项功能。

随后北京市人大常委会立即响应，将《条例》修订纳入本届常委会立法规划，并列入 2020 年立法计划。2019 年 7 月以来，根据市人大常委会立法工作安排，在市人大城建环保办公室、法制办公室、市司法局、市规划自然资源委等部门的共同参与下，《条例》修订工作启动。2019 年，市规自委共起草规范性文件 16 件，已正式印发实施 9 件。此外，还开展了制定《北京市地名管理办法》前期调研工作。配合市文物局开展了制定《北京中轴线遗产保护条例》立项调研工作。

根据《国务院关于进一步加强文物工作的指导意见》（国发〔2016〕17 号）的有关规定，北京市积极推进《故宫保护总体规划》的编制及审批工作。召开专题会议研究梳理涉及故宫的法规、规范性文件和专业规划，与编制单位中国建筑设计研究院进行对接，提供了编制所需的相关图纸、文件。积极协调有关部门与《故宫保护总体规划》编制单位有效衔接。

2020年，党中央、国务院批复《首都功能核心区控制性详细规划（街区层面）（2018年—2035年）》。要求做好北京历史文化名城保护工作，加强老城整体保护，严格落实"老城不能再拆"的要求。

为了贯彻落实习近平对北京重要讲话精神和中共中央、国务院关于北京城市总体规划、首都功能核心区控制性详细规划批复要求，有必要重新制定《北京历史文化名城保护条例》，将历史文化名城保护的重要理念和要求转化为制度安排，为深入推进历史文化名城保护工作、进一步擦亮历史文化名城的金名片提供法规支撑。

2020年9月6日起《北京历史文化名城保护条例》（修订）公开征求意见，至10月5日结束。《条例》拟完善历史文化名城保护体系，明确名城保护涵盖本市全部行政区域。拟鼓励历史文化街区通过申请式改善实现居住条件改善，鼓励在不损坏遗产价值的前提下合理利用历史建筑。《条例》明确指出，名城保护涵盖本市全部行政区域，主要包括老城、三山五园地区两大重点区域和大运河文化带、长城文化带、西山永定河文化带等。大运河、长城、西山永定河三条文化带作为北京历史文化名城保护体系的重要内容，高度凝练了北京老城以外的文化遗产。具体看来，老城保护范围指明清时期北京城护城河及其遗址以内的区域。保护内容包括传统中轴线和长安街，"凸"字形城郭，明清皇城，历史河湖水系，街巷胡同格局和传统地名，胡同——四合院传统建筑形态，平缓开阔的空间形态，景观视廊和街道对景，传统建筑色彩和形态特征，古树名木和大树等10个方面。

同时，《条例》扩大保护对象，实现应保尽保。明确名城保护对象包括世界遗产和文物，历史建筑和革命史迹，历史文化街区，特色地区和地下文物埋藏区，名镇、名村和传统村落，历史河湖水系和水文化遗产，山水格局和城址遗存，历史街巷和传统地名，风景名胜区，历史名园和古树名木，非物质文化遗产以及法律法规规定的其他保护对象。[1]

2020年10月28日上午，北京市第十五届人大常委会第25次会议召开，《北京历史文化名城保护条例（修订草案）》正式提交审议；2021年1月27日，市十五届人民代表大会第四次会议表决通过了《北京历史文化名城保护条例》，并自2021年3月1日起施行。

二、北京历史文化名城保护的规划

北京历史文化名城保护的规划在《首都功能核心区控制性详细规划（街区层面）（2018年—2035年）》和《北京城市总体规划（2016年—2035年）》中得到了全面体现。

2020年8月21日，《首都功能核心区控制性详细规划（街区层面）（2018年—2035年）》（以下简称《核心区控规》）得到党中央、国务院正式批复。批复指出，《核心区控规》牢牢把握核心区战略定位，突出政治中心、突出人民群众，注重中央政务功能保障、注重疏解减量提质、注重老城整体保护、注

---

[1] 参见李建平：《中轴线申遗与北京历史文化名城保护》，载《北京规划建设》2019年第1期，第9—12页。

重街区保护更新、注重民生改善、注重城市安全，符合党中央、国务院批复的北京城市总体规划要求，对首都规划建设具有重要意义。

《核心区控规》特别强调了核心区的历史文化名城保护，指出核心区是全国政治中心、文化中心和国际交往中心的核心承载区，是历史文化名城保护的重点地区。这一规划提出要加强老城整体保护，扩大历史文化街区保护范围，保护好胡同、四合院、名人故居、老字号等历史文化遗产，同时推动老城整体保护与复兴，使之成为体现中华优秀传统文化的代表地区。此外，规划还注重公共空间精细化与艺术化塑造，通过对公共空间和建筑形态的精细引导，展现千年古都的精华和东方人居画卷。

《北京城市总体规划（2016年—2035年）》则进一步明确了北京作为历史文化名城的保护目标和发展方向。这一规划强调要构建涵盖老城、中心城区、市域和京津冀的历史文化名城保护体系，实施中华优秀传统文化传承发展工程，更加精心保护好北京历史文化遗产。《北京城市总体规划（2016年—2035年）》明确提出，核心区的战略定位是全国政治中心、文化中心和国际交往中心的核心承载区，是历史文化名城保护的重点地区，是展示国家首都形象的重要窗口地区。核心区的规划建设不仅关系到北京的城市发展，更关系到党和国家工作大局。由东城区、西城区两个行政区构成的核心区，不仅是中央政务功能集中布局的区域，同时也是一座有着860余年建都史的老城，350个文物保护单位、200万常住居民、25万栋建筑以及

1万棵古树共处一城,因空间资源紧张、功能需求复杂带来的矛盾和问题长期存在。只有把核心区的规划建设放在这两个大局下谋划和推进,保持战略定力和坚定信念,才能深刻把握都与城、保护与利用、减量与提质的关系,将核心区建设成为政务环境优良、文化魅力彰显和人居环境一流的首善之区,为谱写中国梦的北京篇章作出示范。[1]

三、北京历史文化名城保护法治保障的总体思路

北京历史文化名城保护法治保障的总体思路是,以传承和弘扬中华优秀传统文化为核心,遵循整体性、系统性保护原则,通过完善法律法规、强化政策引导、推进文物建筑腾退与活化利用、优化政务服务、提升居民生活质量等多措并举,全面加强北京历史文化名城的保护工作。旨在实现历史文脉的传承与发展,让老城焕发新的活力,同时注重保护成果共享,让居民切实感受到历史文化名城保护带来的实惠,共同推动北京历史文化名城的可持续保护与发展。

(一) 实施老城整体保护,塑造国家首都的辉煌形象

实施老城整体保护,旨在全面维护和传承北京老城的历史文化遗产,通过系统性、精细化的保护措施,恢复和展现老城的历史风貌和文化特色。这一举措不仅关注文物建筑、历史文化街区和胡同四合院的保护,还注重公共空间的艺术化塑造和传统文化的活化利用。通过老城整体保护,北京将进一步凸显

---

〔1〕 参见石晓冬、廖正昕、叶楠:《首都功能核心区在保护更新中发展》,载《前线》2021年第1期,第71—73页。

其作为国家首都的独特魅力和辉煌形象，向世界展示中华优秀传统文化的深厚底蕴和无限魅力，让老城成为体现国家首都历史文化内涵和时代风貌的重要窗口。

2015年12月20日，习近平在中央城市工作会议上发表重要讲话，他深刻指出，民族需要民族精神作为支柱，城市同样需要城市精神作为灵魂。城市精神不仅是一个城市独特风貌的生动体现，更是其历史传承、区域文化和时代要求的完美融合。在新时代的中国特色社会主义征程中，中国正以前所未有的大国姿态走向世界舞台的中心，因此，打造一个与这一地位相称的国家首都形象显得尤为重要。

在老城整体保护的实践中，首要任务在于精心维护其历史格局的完整性与真实性。这要求对珍贵的点状文物保护单位进行细致入微的保护与修复，同时，结合先进的城市设计理念，进一步强化中轴线与长安街两大轴线的统领作用，以及四重城郭、六海八水、九坛八庙等历史空间元素的布局特色，还有独特的棋盘式路网结构，从而展现出一个井然有序、历史风貌清晰可辨的老城形象。

科学划定古都风貌保护区、古都风貌协调区与现代风貌控制区三大风貌区域，可以更加精准地实施建筑风貌与街巷风貌的整体性塑造与差异化管理。这既有助于彰显首都的风范与古都的韵味，又能实现古今文化的和谐共生，形成具有鲜明特色的核心区风貌。中轴线与长安街，作为北京老城乃至整个城市的生命线，始终是展示大国首都魅力与中华文化底蕴的重要舞台。它们承载着丰富的历史文化，展现着现代都市风采，是首都功能最具代表性的区域。中轴线申遗成功与长安绿带建设工作的有序推进，正通过一系列遗产保护、风貌整治与公共空间品质提升等有力措施，不断巩固与提升这两大轴线在城市空间布局中的核心地位及其在城市风貌展现中的独特价值。这不仅进一步凸显了北京的城市特色，也彰显了我国的文化自信。[1]

因此，依托老城整体保护的坚实基础，应加强核心区空间秩序的精细管控与特色风貌的有力塑造，努力营造出一种气势恢宏、大度雍容、舒朗庄重、纲维有序、礼乐交融的整体空间意境。这无疑是向世界展示新时代中国的大国气概、民族精神的绝佳途径，也是对历史负责、对未来负责的生动实践。

（二）优化政务服务，为市民居住环境提供坚实保障

自中华人民共和国成立以来，北京中南海至长安街区域逐渐稳固了其作为中央政务核心区的地位，该区域不仅集中了政务办公、国际交流、国事活动及文化展示等一系列关键政务功能，而且成为国家政治中心的核心载体。2019年8月，习近平在审视北京市规划与自然资源问题的整改进展时，特别强调了以更高标准和更坚定决心来加强政治中心服务保障的重要性。这一指示为核心区的未来规划建设设定了更为严格的标准，要求在对中南海至长安街等重点区域实施全面整治的同时，必须着眼于党和国家机构职能的优化与协同，并紧密围绕"两个一百年"奋斗目标，全面提升空间利用、安全保障、环境美化和

---

[1] 参见石晓冬、廖正昕、叶楠：《首都功能核心区在保护更新中发展》，载《前线》2021年第1期，第71—73页。

城市服务的多层次保障能力,确保中央政务功能的稳定高效运行。[1]

在此背景下,《核心区控规》应运而生,其中明确提出要构建高效政务活动环境、构建无懈可击的安全体系、营造和谐优美的环境氛围、提供完善优质的配套设施以及塑造庄重典雅的城市形象等综合目标。这一系列举措不仅旨在提升政务服务的效率和质量,同时也为改善核心区内居民的生活环境带来了机遇。

为了实现这一目标,需要采取一系列有效措施。首先,合理的疏解腾退和功能转换,可以优化城市空间布局,提高土地利用效率,为政务服务和民生改善提供更为广阔的空间。其次,加强文物保护工作,不仅能够保护历史文化遗产,还能为城市增添独特的文化韵味,提升居民的文化认同感。最后,服务提升和环境优化,可以进一步提高城市市政基础设施的运行效能,提高安全防范水平,实现精细化管理,改善交通出行条件,并提升公共空间的品质。

在政务服务优化方面,应借助现代信息技术手段,推动政务服务流程再造和数字化转型,提高服务效率。同时,加强政务服务人员培训,提升服务质量和水平,确保政务服务能够满足居民和企业的多样化需求。在市民居住环境保障方面,应加大投入力度,完善基础设施和公共服务设施,提高居住环境的舒适度和安全性。此外,还应注重生态环境保护和治理,加强

---

[1] 参见石晓冬、廖正昕、叶楠:《首都功能核心区在保护更新中发展》,载《前线》2021年第1期,第71—73页。

绿化美化工作，打造宜居宜业的城市环境。

（三）实现历史文脉传承，激发老城活力与魅力

实现历史文脉传承，旨在深入挖掘和保护好北京老城丰富的历史文化资源，通过科学规划和精细化管理，让老城的历史风貌、文化特色和传统韵味得到延续和弘扬。同时，注重在传承中创新，在保护中发展，通过活化利用历史文化遗产，引入现代元素和创意产业，为老城注入新的活力。这一过程不仅有助于提升老城的文化软实力和国际影响力，还能够促进老城的可持续发展，让老城成为展现北京历史文脉和现代都市风貌的璀璨明珠。

北京老城，作为中华民族历史文化的重要载体，不仅文物古迹密布，而且保护等级极高，蕴含着深厚的文化底蕴，是城市活力与独特魅力的不竭源泉。近年来，随着城市化进程的加速，如何在保护老城历史文脉的同时，激发其内在活力，成为一个亟待解决的问题。

中共中央、国务院在2017年对《总体规划》的批复中，明确提出了老城区的保护原则——"不可再拆，应全力保护"，即在保护历史文化遗产的基础上，寻求合理的利用与发展。这一原则为老城区的未来发展指明了方向。然而，当前核心区内文物保护单位的开放程度和利用方式仍存在不足，未能充分实现文物价值的最大化传播与传承。因此，深入挖掘文物价值、传播优秀传统文化、引领社会文明风尚，成为老城发展的重要任务。

为了实现历史文脉传承与老城活力激发，《核心区控规》

提出了将老城整体保护与提升中央政务功能及其环境品质紧密结合的策略。这一策略不仅有助于为中央政务和国际交往提供高品质的活动空间，还能为人民群众提供丰富文化活动的场所，为政治中心建设提供坚实的文化支撑。同时，规划还强调要加大不合理使用文物及历史建筑的腾退力度，合理利用腾退空间补充公共服务设施，或与周边环境改善相结合，打造国事活动场所，以更好地发挥其公共文化及社会价值。

在具体实施上，应以世界文化遗产、全国重点文物保护单位、国家级非物质文化遗产所在地为核心载体，积极拓展高品质的文化空间。组织开展重大文化活动与国际文化交流合作，可以进一步扩大中华文化的影响力，提升老城的国际知名度。同时，积极吸纳文化创新要素，加强传统文化与现代文化的融合，为老城注入新的文化内涵。例如，可以组织多种文化主题的探访路线，建设记录城市印记的公共空间，让市民和游客感受到老城的独特魅力。

东城区、西城区等的优秀实践案例提供了宝贵的经验。如利用北京胶印厂的工业遗产建设了 77 文创园，通过沈家本故居的腾退修缮建设了中国法治博物馆等。这些实践不仅保护了历史文化遗产，还实现了其当代价值的转化，为老城的复兴注入了新的活力，让历史与现代在这里交相辉映，激发出老城更加迷人的魅力。

（四）实现老城可持续性保护，让居民共享保护成果

实现老城可持续性保护，旨在通过科学规划、精细管理和持续投入，确保北京老城的历史文化遗产得到长期有效的保

护。这一过程中，注重平衡保护与发展的关系，既要维护老城的历史风貌和文化特色，又要满足居民对现代生活的需求。通过改善居住环境、提升公共服务水平、促进文化传承与创新等措施，让居民切实感受到保护带来的实惠，共享老城保护的成果。同时，鼓励居民积极参与保护工作，形成政府主导、社会参与、居民共享的保护格局，共同推动老城的可持续发展。

老城保护并非独立于老城居民生活之外的孤立行动，而是与居民生活息息相关、互为依存的重要议题。单纯聚焦遗产本身的保护，虽能确保某一文物的存续状态，却难以解决改善居住环境，以及满足居民的基本生活需求等更为广泛、深刻的问题。因此，实现老城的可持续性保护，必须致力于改善更大范围内的居住条件，确保保护成果能够惠及更广泛的居民群体。老城的保护与居民的生活改善应当紧密结合，形成相互促进的良性循环。[1] 正如习近平总书记所强调的，必须将老城的改造提升与保护历史遗迹、保存历史文脉紧密结合，既要致力于人居环境的改善，又要珍视历史文化的传承，使两者和谐共生、交相辉映。这一理念为老城的可持续性保护指明了方向。

《核心区控规》将社会可持续性理念确立为老城保护的指导原则，以人居环境综合整治为核心，着重提升平房区和老旧小区的居住品质。《核心区控规》不仅关注历史格局的保护和历史文化街区风貌的提升，还注重文物的腾退修缮与活化利用等具体保护工作。同时，《核心区控规》鼓励居民、街巷长、

---

[1] 参见王军：《新时代老城更新的系统方法探索》，载《中国名城》2021年第10期，第1—12页。

小巷管家等多方力量积极参与老城保护事业，形成全社会共同参与的良好氛围。

在文物和历史建筑的利用方面，《核心区控规》通过设立正负面清单的方式，既保护了文物的历史价值，又充分发挥了其在丰富居民文化生活、弥补公共服务设施短板等方面的作用。此外，《核心区控规》还加强周边区域环境品质的整体提升，实现由点到面的环境改善，让居民在享受保护成果的同时，也能感受到生活环境的显著改善。

对于历史文化街区的保护，《核心区控规》倡导通过自愿申请的方式改善居住环境。这一举措既恢复了居民外迁后的空间历史风貌与肌理，又通过综合整治提升了区域内公共服务设施水平和公共空间品质，满足了老城居民日益增长的美好生活需要。这种以人为本的保护方式，不仅保护了历史文化遗产，也让居民成为老城保护的受益者和参与者。

以东城区玉河以东的雨儿胡同、帽儿胡同、蓑衣胡同、福祥胡同四条胡同的综合整治实践为例，拆除违法建设、改造低洼院落、完善社区公共服务设施、规范停车管理等一系列措施，都是在严格遵循风貌保护要求的前提下进行的。这些具体行动不仅落实了社会可持续性老城保护理念，也让居民切实感受到了保护带来的实惠和便利。

老城保护需与生活紧密相连，确保居民能共享保护成果，实现可持续发展。强化社会可持续发展理念，在人居环境、居住品质与居民获得感上下功夫。实践中，如东城区胡同的综合整治，均秉持风貌保护与现代生活需求相平衡的原则。要推进首都核心区的建设，必须统筹政务、保护与民生，确保老城在保护中焕发新活力，实现全面可持续发展。

第二节　北京文物建筑腾退保护法治保障状况

北京文物建筑腾退保护的法治保障在文物保护工作中发挥着至关重要的作用，通过明确保护范围、责任主体和腾退程序，确保文物建筑腾退工作的合法性和规范性，为文物建筑的有效保护提供法律支持，进而提高社会各界对文物保护工作的认同感和支持度，促进文物保护与城市发展的和谐共生，为北京历史文化的传承和发展奠定基础。

一、北京文物建筑腾退保护相关法规政策的发展历程

北京文物保护法治历程中，文物腾退相关规定的发展经历了从原则性规定到具体化实施细则的逐步完善过程。早期，文物保护法规对不可移动文物的拆除与腾退仅作原则性要求，强调尽可能实施原址保护。随着法治建设的深入，相关规定逐渐细化，明确了腾退的主体责任、补偿机制及法律程序，如《北京历史文化名城保护条例》的实施，不仅规定了对文物的全面保护，还涉及腾退过程中的公众参与、补偿标准及法律责任等。近年来，针对特定文物，如中轴线文化遗产，还出台了专门的保护条例，进一步细化了腾退工作的具体操作流程与监督机制，确保了文物腾退工作有法可依、有章可循，有效推动了北京文物保护事业的可持续发展。

2013年北京市文物局发布的《关于不可移动文物列入棚户区改造和环境整治工作的指导意见》强调，在棚户区改造和环境整治中，不可移动文物应坚持原址保护原则，确保文物的有效保护和合理利用。对于列入征收、搬迁、腾退范围的不可移动文物，需由文物行政管理部门进行价值评估，提出保护意见，并经区县人民政府审核决定。同时，该指导意见还指出，完成腾退后的不可移动文物，除用于博物馆、保管所或参观游览场所外，若作其他用途，需依法办理相关审批手续。此外，文物行政管理部门将优先安排专项资金补助，用于已腾退文物的修缮保护，以全面推动老城保护与复兴。

2016年发布的《西城区"十三五"期间不可移动文物保护行动计划》，旨在通过腾退保护存在安全隐患、历史文化价值突出、社会关注度高的直管公房类文物，实现文物的有效保护和合理利用。该计划明确了腾退工作的重点区域和项目，如大栅栏地区、什刹海地区等，并强调在腾退过程中需确保文物建筑的完整性和历史信息的传承。此外，西城区政府还积极探索文物活化利用的实践路径，鼓励社会力量参与文物保护利用，力求让腾退后的文物"活"起来，成为传承文化、留住乡愁的公共空间。这些规定为西城区文物建筑的保护与利用提供了有力保障。

2017年5月，国家文物局《关于政协十二届全国委员会第五次会议第1152号（城乡建设类56号）提案会办意见的函》中，针对文物建筑腾退保护作出了明确的规定。该函件强调，在推进城乡建设过程中，应高度重视不可移动文物的保护，特别是文物建筑的腾退工作。规定指出，需对具有历史文化价值的文物建筑进行全面调查评估，明确保护等级和腾退方案。腾退过程中，应确保文物建筑的安全与完整性，避免破坏其历史风貌和文化价值。同时，鼓励采用多元化资金渠道和合作模式，推动文物建筑的活化利用，使其在得到有效保护的同时，也能为城市文化建设和经济发展做出贡献。此外，还强调了政府、社会组织和公众在文物建筑腾退保护中的共同参与和协作机制，以形成全社会共同保护文物建筑的良好氛围。该函件中提到对古城区的文物建筑应加大腾退力度，尤其是会馆、名人故居等国有文物建筑，腾退完成后尽量恢复历史原貌，发挥文化教育和公共服务功能。

《北京市人民政府关于进一步加强文物工作的实施意见》（2017年）明确指出，北京市将确定一批以明清皇家坛庙、王府和濒危不可移动文物为重点的核心区文物腾退和保护修缮项目，通过产权置换、异地安置等方式推进腾退修缮工作。这一举措旨在改善文物建筑的使用状况，加大其保护力度，确保历史文化遗产得到妥善传承与利用。同时，鼓励社会力量参与文物保护，修缮区级文物保护单位或尚未核定公布为文物保护单位的不可移动文物，并有望获得一定期限的使用权。这些规定体现了北京市对文物建筑腾退保护工作的重视，旨在推动文物资源的合理保护与利用。

《北京城市总体规划（2016年—2035年）》中，针对文物建筑腾退保护制定了全面细致的规划。该规划强调了对老城和三山五园等历史文化遗产的整体保护，明确了文物建筑腾退的重要性，旨在通过腾退工作恢复和提升文物建筑的历史风貌和文化价值。该规划提出，要优先保护好生态环境，大幅提高生态规模与质量，并加强浅山区生态修复与违法违规占地建房治理。这些措施间接支持了文物建筑腾退保护工作的顺利进行。同时，该规划鼓励社会力量的参与，推动文物建筑的活化利用，确保文物建筑在得到有效保护的同时，也能为城市文化建设和社会发展贡献力量。这些规定体现了北京市对文物建筑腾退保护工作的高度重视和全面部署。

根据《中华人民共和国文物保护法》第十四条第二、三款的规定："保存文物特别丰富并且具有重大历史价值或者革命纪念意义的城镇、街道、村庄，由省、自治区、直辖市人民政府核定公布为历史文化街区、村镇，并报国务院备案。历史文化名城和历史文化街区、村镇所在地的县级以上地方人民政府应当组织编制专门的历史文化名城和历史文化街区、村镇保护规划，并纳入城市总体规划。"

北京作为拥有大量文保建筑的城市，北京的历史积淀在这些老建筑中得到展示，这些老文物、老建筑物无疑是北京历史发展的见证。但是当下，不仅城市扩张导致对历史文物的破坏，对一些重要历史文物的不合理占用也成为文物修复和保护的难题。全市的国家级、市级、区级文物保护单位有890多处，真正对外开放的文物景点不足20%，由国家机关、部队、企事业单位和居民不合理占用的高达80%。这也让很多老建筑在城市中"悄无声息"，不为众人所知。正因如此，近年来推动老建筑腾退成为一些专家和学者积极奔走呼吁的话题。迫切需要在国家层面设立文物腾退和协调指挥委员会，将文物腾退列入首都核心功能战略并进行顶层设计，加大协调力度，同时尽快制定和完善文物建筑腾退方面的法律，解决文物不当占用的问题。

党的十八大以来，中央明确了北京作为全国文化中心的城市战略定位。习近平总书记在 2014 年、2017 年两次视察北京时提出，北京历史文化遗产是中华文明源远流长的伟大见证，是北京建设世界文化名城的根基，要精心保护好这张金名片。近年来，以故宫博物院、三山五园等国家重点文物保护单位为代表，北京在文化遗产利用方面进行了多种类型、具有领先意义的探索。对全国文化中心建设中文化遗产合理利用的具体实践进行深入调研，研究文化遗产合理利用中的法律问题，对发挥首都示范带头作用，辐射京津冀，进而推动全国的文物合理利用相关实践和立法具有积极作用。

2021 年 1 月 27 日，《北京历史文化名城保护条例》颁布，其中涉及腾退的共有 7 处，分别分布在 3 个条款中，对政府对文物建筑的保护责任、保护内容及措施、腾退规划等作出了规定。其中第三十四条明确将"推动重点文物、历史建筑的腾退，强化文物保护以及周边环境整治，促进合理开放利用"列为老城所在地的区人民政府的保护责任。其不仅关注到重点文物、历史建筑的腾退，还强调了文物保护与周边环境整治，将合理开放利用作为文物建筑保护的目标。

第四十五条将文物建筑保护的范围进一步扩展并进行了详细的反向列举，为了保护文物建筑的安全，可以对危害不可移动文物、历史建筑安全，破坏老城、三山五园地区和历史文化街区、名镇、名村以及传统村落的历史格局、街巷肌理、传统风貌、空间环境，不符合保护规划有关建筑高度、建筑形态、景观视廊等要求，以及严重影响居住安全的建筑物、构筑物或者其他设施，依法通过申请式退租、房屋置换、房屋征收等方式组织实施腾退或者改造。该条还明确了实施主体为所在地的区人民政府或者产权单位。

第五十九条规定了人民政府应当组织编制文物建筑等保护对象腾退规划和实施计划，做好与非首都功能疏解计划的衔接，并且明确了非首都功能疏解腾退的空间和场所可以用于保护对象腾退单位或者个人的安置。

第六十二条规定了公房管理机构应当按照风貌保护要求，对受托管理、申请腾退的直管公房进行保护性修缮，逐步恢复原有院落格局，完善市政基础设施，合理使用腾退空间。

《北京历史文化名城保护条例》的相关规定，对文物建筑腾退保护构建了一个完整的规则体系，将制订腾退规划、确定腾退对象及范围、明确腾退措施及方案、安置腾退单位和个人、文物建筑的保护性修缮、合理使用腾退空间等文物建筑保护的全流程的各个重要环节进行了比较详细的规定，为文物建筑的腾退保护提供了法律依据，奠定了制度基础。

二、《北京中轴线文化遗产保护条例》对北京文物腾退保护的推动作用

《北京中轴线文化遗产保护条例》于 2022 年 5 月 25 日由

北京市第十五届人民代表大会常务委员会第三十九次会议通过，自 2022 年 10 月 1 日起施行。条例明确了文物腾退的具体路径，如通过申请式退租、房屋置换、房屋征收等方式组织实施，为文物腾退工作提供了法律依据和操作指南，有效促进了北京中轴线沿线文物的腾退和保护工作，为北京老城整体保护和文化传承奠定了坚实基础。

（一）《北京中轴线文化遗产保护条例》对北京文物腾退保护的重要意义

1. 提升北京中轴线文化遗产保护层次和水平

2012 年，国家文物局将北京中轴线列入中国世界文化遗产预备名单。按照《保护世界文化和自然遗产公约》及其操作指南的规定，遗产申报地需要颁布实施遗产保护的地方专项法规。按照国家文物局《世界文化遗产申报工作规程（试行）》（文物保函〔2013〕1595 号）第十九条的规定，申遗需要颁布实施文化遗产保护的地方专项法规和规章，并经相关地市级以上人民政府颁布实施。从我国各地区世界文化遗产保护立法的情况看，通过地市级以上人民政府地方政府规章的方式进行立法保护，是比较常见的形式，名称多为"保护管理办法""保护管理规定"等。如杭州市人民政府颁布的《杭州西湖文化景观保护管理办法》、福建省人民政府颁布的《福建省"海上丝绸之路·漳州史迹"文化遗产保护管理办法》、广东省人民政府颁布的《广东省开平碉楼保护管理规定》等。

对于世界文化遗产保护，也有部分省市采取制订地方法规的方式进行立法保护，名称一般为"保护条例""保护管理条例"。如《福建省武夷山世界文化和自然遗产保护条例》《河南省安阳殷墟保护条例》《甘肃炳灵寺石窟保护条例》《陕西省秦始皇陵保护条例》《吉林省高句丽王城、王陵及贵族墓葬保护管理条例》《云南省丽江古城保护条例》《承德避暑山庄及周围寺庙保护管理条例》《甘肃敦煌莫高窟保护条例》等。

北京市自2011年提出中轴线申遗以来，紧扣城市总体规划、五年规划纲要，编制了2012年版中轴线保护规划，并按照党中央、国务院对城市总体规划的批复精神，修编了2017年版中轴线保护规划。同时，对标世界文化遗产要求，编制了《北京中轴线申遗综合整治规划纲要》，初步评估了北京中轴线的遗产现状，明确了遗产保护和综合整治的原则及策略。2018年，进一步编制了《北京中轴线申遗综合整治规划实施计划》和《五年行动计划》，全面梳理了北京中轴线遗产点和缓冲区内的不可移动文物，对遗产点文物提出了详细的保护项目和实施计划，对缓冲区内127处与中轴线遗产突出普遍价值关联性较强的文物逐项进行评估，提出了保护对策。[1] 2018年9月，北京市人大常委会将《北京中轴线文化遗产保护条例》列入北京市十五届人大常委会立法规划。

将中轴线申遗保护的立法规划定位为地方性法规而非地方政府规章，提高了立法位阶，提升了中轴线文化遗产法治保障的层次和水平。

---

[1] 参见张家明：《关于中轴线文物保护情况的报告——2019年5月29日在北京市第十五届人民代表大会常务委员会第十三次会议上》，载《北京市人大常委会公报》2019年第3期，第46—52页。

2. 妥善处理北京中轴线保护与利用的关系

北京中轴线纵贯北京老城，历经 700 余年，遗产构成要素复杂，文化价值内涵丰富，遗产保护责任重大、任务艰巨。《北京中轴线文化遗产保护条例》从立法论证阶段开始，在注重中轴线文化遗产保护的同时，对中轴线文化遗产活化利用非常重视，提出要深化中轴线文物古迹发掘，丰富中轴线文化内涵，拓展文物价值展示和传播手段，推动中轴线文物保护利用融入经济社会发展。

《北京中轴线文化遗产保护条例》明确提出，在保护优先的前提下，促进北京中轴线文化遗产的传承利用和公众参与，统筹协调保护与发展、民生改善的关系，促进遗产保护共治、成果共享。市、区文化和旅游部门应当会同文物、交通等部门采取措施，统筹遗产发展和旅游资源开发，控制游览接待规模，合理调整和改善交通组织，优化旅游环境，提升旅游品质，丰富旅游产品，促进北京中轴线保护和旅游融合发展。保护对象作为景区向社会开放的，所有人、管理人、使用人以及其他保护责任人应当确定合理的游客承载量，按照保护要求采取预约或者适时限流、分流等措施。

3. 聚焦北京中轴线文化遗产保护中的难点问题

北京中轴线文化遗产地处首都的核心区域，中轴线文物的产权和管理使用单位多样，利益诉求复杂多元，需要协调、平衡各种权益关系。中轴线沿线有一些在途建设项目，需要各级政府综合权衡、科学决策。中轴线在各历史时期形成了各具特色的历史遗存与城市发展印迹，需要针对各区段分类施策。

(二)《北京中轴线文化遗产保护条例》对北京文物腾退保护的创新探索

1. 明确北京中轴线文化遗产保护对象

在规定北京中轴线的空间位置和城市历史建筑群的遗产定位的基础上,列举了北京中轴线遗产点位,分项明示了保护要素具体内容,使保护对象更加明确;除了建筑物、景观视廊、空间形态水系、历史文化街区等具象的文化遗产外,将国家礼仪传统、城市管理传统、建造技艺传统、民俗文化传统等与遗产价值密切相关的内容列为保护对象;规定了整体保护原则。

2. 强调北京中轴线文化遗产保护的主体责任

该条例进一步明确了北京中轴线的保护管理体制,理顺重大事项议事协调和市文物部门主管、北京中轴线文化遗产保护机构具体负责之间的关系,这也是北京中轴线实行有效保护的基础和保障;进一步完善了北京中轴线的保护措施,包括组织编制北京中轴线保护管理规划、建立北京中轴线遗产资源调查和保护监测报告制度、针对所涉及的类型众多保护对象采取不同的保护管理措施等。

3. 分类规定北京中轴线保护对象的保护要求和措施

在部分内容的表述与《北京历史文化名城保护条例》的相关规定协调一致的基础上,明确在遗产区的居中历史道路和广场范围内进行建设的整体协调性要求;对居中历史道路两侧建筑的建筑界面、位置和风貌提出保护要求;将遗址保护、古树名木保护等已有法律法规规定的内容整合;对体现北京中轴线遗产价值的非物质文化遗产、国家礼仪传统、城市管理传统、老字号等提出保护要求。

4. 鼓励北京中轴线文化遗产的传承利用和公众参与

《北京中轴线文化遗产保护条例》中明确鼓励北京中轴线文化遗产的传承利用和公众参与,规定市、区人民政府应在保护优先的前提下,统筹推进国有不可移动文物、历史建筑采取不同形式向公众开放,逐步创造条件以开放尚不具备条件的场所;同时鼓励非国有不可移动文物、历史建筑开放,支持居民开展民俗文化活动,保留对北京历史文化的记忆和情感,促进中轴线文化遗产的传承与现代生活相融合,以此增强公众的文化认同感和参与感。

5. 加强与其他法律法规的衔接协调

条例在制定过程中,充分考虑了与《首都功能核心区控制性详细规划》《中华人民共和国文物保护法》《历史文化名城名镇名村保护条例》等法律、行政法规的衔接,确保中轴线文化遗产保护工作的系统性和一致性。通过明确保护对象、管理体制、保护措施、传承利用等内容,并与城乡规划、文物保护、历史文化名城保护等相关法律法规相互呼应,形成了全面、协调的法律保护网络。这种创新性的衔接协调机制,不仅为中轴线申遗保护工作提供了坚实的法治保障,也为其他文化遗产保护立法提供了有益的借鉴。

(三)《北京中轴线文化遗产保护条例》实施中北京文物腾退保护的重点工作

1. 继续做好北京中轴线重点文物腾退

根据中轴线申遗路线图梳理重点文物腾退项目,聚焦切实影响中轴线申遗的遗产点核心区内非文物建筑，整体改善中轴线遗产点保护状况；中轴线文物腾退工作要坚持依法保障住户权益，对于中轴线沿线区域配套相关保障政策，有效改善住户生活品质；市政府和遗产地区政府要统筹协调遗产保护与城市发展、民生改善的关系，按照相关规划的要求，完善基础设施、公共服务设施，改善人居环境，促进遗产保护成果共治共享。

2. 促进北京中轴线公众参与机制的完善

鼓励和支持自然人、法人和其他组织不断探索，创新做法，通过开展研究、举办活动、宣传政策、捐助资金、提供场所、提供服务等方式，参与北京中轴线文化遗产保护、利用；依法保障北京中轴线文化遗产保护区域内的居民对遗产保护情况的知情权、参与权和监督权，通过建立与保护区域内居民的日常沟通机制，听取对遗产保护与管理工作的意见和建议。

3. 有效推动北京中轴线文物活化利用

积极推动中轴线未开放文物及建筑；按照《文物建筑开放导则》要求，活化文物建筑利用方式；积极推动中轴线遗产与旅游融合，梳理中轴线相关非物质文化遗产代表性项目目录、中轴线沿线老字号名录、中轴线沿线红色文化遗产名录等，对中轴线非遗代表性项目及其所依存的自然和人文生态环境实施区域整体性保护。在北京中轴线文化遗产的开放、利用中，应当依法进行风险评估，并采取相应措施，确保遗产安全。

第三节　北京文物建筑腾退保护的主要工作模式

北京文物建筑腾退保护正在积极推进，并取得了一系列显著成果。近年来，北京市人民政府高度重视文物建筑腾退保护工作，通过制定和实施一系列政策措施，推动了一大批文物建筑的腾退和修缮。工作中针对不同产权和使用情况的文物建筑，灵活应对，确保腾退工作的顺利进行，通过多种模式的综合应用，有效推进了核心区文物的腾退、修缮与合理利用。

一、北京文物建筑腾退保护的征收腾退模式

北京文物建筑腾退保护的房屋征收模式是依据相关法律法规，通过政府引导、居民参与的方式，对文物建筑周边的房屋进行征收和腾退，以便对文物建筑进行有效的保护和利用。在此过程中，政府充分尊重居民的权益和意愿，提供合理的补偿和安置方案，确保征收工作的顺利进行和文物建筑的有效保护。征收腾退模式的主要依据是《国有土地上房屋征收与补偿条例》，该条例于2011年1月21日公布并施行。《国有土地上房屋征收与补偿条例》施行后，国务院于2001年6月13日公布的《城市房屋拆迁管理条例》同时废止。自此，我国城市建设和城市更新中的"房屋拆迁"转变为"房屋征收"。

2014年初，北京市文物腾退试点选在粤东新馆，法律依据就是《国有土地上房屋征收与补偿条例》。《国有土地上房屋征收与补偿条例》规定：由政府组织实施的文物保护等公共事业确需要征收房屋的，由市、县级人民政府作出房屋征收决定。坐落于西城区南横西街13号的粤东新馆曾是"戊戌变法"时"保国会"旧址和维新派人士聚会场所，具有深厚的历史文化底蕴，是西城区区级文物保护单位。然而，由于历史原因和城市发展，该文物建筑保护工作逐渐陷入了困境，院内建筑垃圾堆积，自建房令院内拥挤不堪，安全隐患严重。为了保护这一重要的文物建筑，西城区政府决定启动对粤东新馆的征收工作。这也成为全市首个依照《国有土地上房屋征收与补偿条例》进行征收的文物。该事件标志着全国文物征收工作的新开端，具有里程碑式意义。文保部门预计征收工作在次年，即2015年完成。当时媒体称之为全国文物征收第一案。

然而粤东新馆的腾退开展得并不顺利，征收工作启动4年后，粤东新馆仍然没有腾空。粤东新馆共有57户居民，走了50户，至2017年10月时还剩7户居民。粤东新馆在征收中面临着多方面的挑战，包括居民对补偿标准的不满、自建房面积无补偿的问题、安置房位置偏远的担忧，以及复杂的产权关系、烦琐的法律程序和部分居民的抵触情绪。因为不满征收补偿条件，许多不愿搬离粤东新馆的住户申请行政复议，将房屋征收部门告上法庭。西城区人民法院对案件审理的判决生效后，法院启动了强制执行工作，至2017年11月才完成对征收户的房屋腾退和交接工作。

粤东新馆文物征收腾退虽然最终成功实现了文物的腾退与保护，为文物建筑的后续修缮和开放利用创造了条件。但是也反映了文物征收腾退模式的局限性。一是征收腾退工作成本高、周期长，需要投入大量的人力、物力和财力。特别是那些产权复杂、使用状况多样的文物建筑，腾退难度更大，需要更加细致的工作和更高的补偿标准。二是征收腾退过程中可能面临居民的抵触情绪和不理解的困境，需要政府加强宣传解释工作，提高居民的文物保护意识。三是对于部分拒绝腾退的居民，政府需要依法采取强制执行措施，这也可能引发一定的社会矛盾和冲突。此外，在征收过程中保护文物建筑的历史与文化价值，也是工作中的一大难题。

二、北京文物建筑腾退保护的司法腾退模式

随着中轴线申遗工作的推进和历史文化名城保护意识的增强，北京在文物腾退方面加大了司法保障力度。文物腾退需要在《国有土地上房屋征收与补偿条例》以外寻找新的法律依据，即依据《中华人民共和国文物保护法》，要求直管公房管理单位保护其名下的不可移动文物；后者则依据《中华人民共和国合同法》（已随《民法典》实施废止）解除与租户的租赁协议，要求其腾退并给予补偿。对于拒不腾退的，可以通过法院起诉解除租约。北京文物司法腾退近年来取得显著进展。通过法院起诉、强制执行等手段，有效推动了多处文物的腾退工作，为文物的保护和合理利用创造了条件。

在"中国裁判文书"网以"文物"和"腾退"为关键字，对北京市各级人民法院的裁判文书进行搜索，得到裁判文书253件。[1] 通过人工排除不相关搜索结果，得到北京市文物腾退相关裁判文书总计207件，具体情况如下。

（一）案件数量经峰值后呈下降趋势

按裁判日期对搜索结果进行汇总（见图3-1），2013年1

---

〔1〕 中国裁判文书网，http：//wenshu.court.gov.cn/，2023年11月22日搜索。

件，2014 年 7 件，2015 年 18 件，2016 年 19 件，2017 年 11 件，2018 年 28 件，2019 年 52 件，2020 年 47 件，2021 年 14 件，2022 年 6 件，2023 年 4 件。

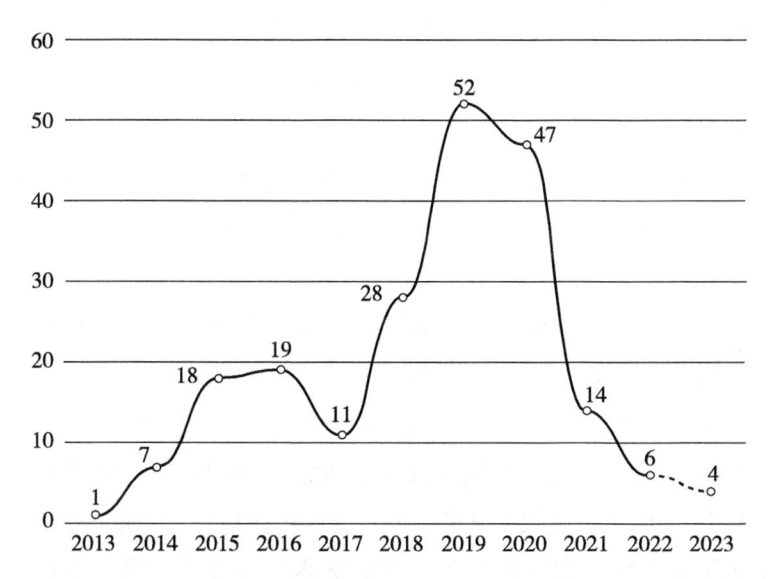

图 3-1 北京市文物建筑腾退案件数量分布图

2013 年 12 月 10 日西城区人民法院审理的"丛某某与民族大世界商场房屋租赁合同纠纷一审案"[1]，是目前在"中国裁判文书"网上搜索到的第一例北京市文物腾退的判决书。至 2015 年，北京市的文物腾退诉讼主要集中在使用文物用于经营

---

[1] 北京市西城区人民法院，案号：(2013) 西民初字第 20778 号。

的领域，涉及"国立蒙藏学校旧址"[1]"白塔寺"[2]等文物及周边建筑物。

自2016年起，在沈家本故居[3]的腾退保护中，北京开始使用司法手段解决涉及文物保护的直管公房腾退问题。"北京宣房投资管理公司与刘某某房屋租赁合同纠纷一审案"[4]为其中的第一例裁判案件。

北京市文物建筑腾退案件的裁判数量自2013年起逐年上升，2013年仅有1件，至2015年已增至18件，主要涉及使用文物进行经营的领域。自2016年起，随着沈家本故居的腾退保护工作开展，北京开始运用司法手段解决涉及文物保护的直管公房腾退问题，当年案件数量达到19件。此后，案件数量持续增长，2018年增至28件，2019年达到峰值52件。然而，自2021年起，案件数量显著下降，2021年有14件，2022年降至6件，2023年则仅有4件。这一趋势的原因一方面与疫情防控期间北京地区人民法院案件数量整体下降有关；另一方面也反映了北京市在文物建筑腾退的申请式腾退工作方式逐步成熟，并出台了相关地方性法规进行规范。尽管如此，司法腾退

---

[1] 国立蒙藏学校旧址位于西城区小石虎胡同33号，为1913年中华民国政府蒙藏院在此开办蒙藏学校的旧址。2006年由国务院公布为全国重点文物保护单位。

[2] 白塔寺即妙应寺，位于西城区阜成门内大街171号，是北京现存最古老的藏传佛教寺院，是典型的汉藏结合式寺院，其中的白塔是北京早期覆钵式塔的代表性建筑。1961年由国务院公布为全国重点文物保护单位。

[3] 沈家本故居位于西城区金井胡同1号，原为清代兴建的浙江归安会馆旧址，"庚子事变"时会馆被拆毁。清光绪二十七年（1901），沈家本进京赴任时购为私宅并重建。1990年由宣武区人民政府公布为宣武区文物保护单位。

[4] 北京市西城区人民法院，案号：（2016）京0102民初312号。

在北京的文物建筑腾退中仍属创新手段，并非主要方式，实践中仅有极低比重的文物腾退纠纷进入了司法审判程序。[1]

(二) 相关案件以民事纠纷案件为主

按案由对搜索结果进行汇总见图3-2，共有183件民事案件，包括合同、准合同纠纷156件，涉及案由有确认合同效力纠纷、房屋买卖合同纠纷、民事主体间房屋拆迁补偿合同纠纷、房屋租赁合同纠纷、不当得利纠纷等；物权纠纷21件，涉及案由有返还原物纠纷、排除妨害纠纷、恢复原状纠纷、财产损害赔偿纠纷、占有物返还纠纷等；婚姻家庭、继承纠纷6件，涉及案由为分家析产纠纷和继承纠纷。在23件行政案件中，涉及案由有资源行政管理、城乡建设行政管理、旅游行政管理、文化行政管理、其他行政管理、行政处理、行政复议、行政赔偿。

在搜索结果中，合同纠纷与物权纠纷案件共计83件，占全部案件的86%，是文物腾退司法解决的主要途径。此外，值得注意的是，其中行政诉讼案件和财产损害赔偿纠纷案件原告均为被要求腾退的文物使用人（下文简称"被腾退人"），并且全部被法院驳回起诉（或上诉）。

---

[1] 以西城区为例，2017年西城区启动了15个文物腾退项目，共腾退居民402户，腾退比例86%。2018年，西城区启动的6个文物腾退项目，共签约87户，完成比例96%。京报馆、五道庙、朱家胡同45号茶室、庆云寺等一批文物建筑实现清零。

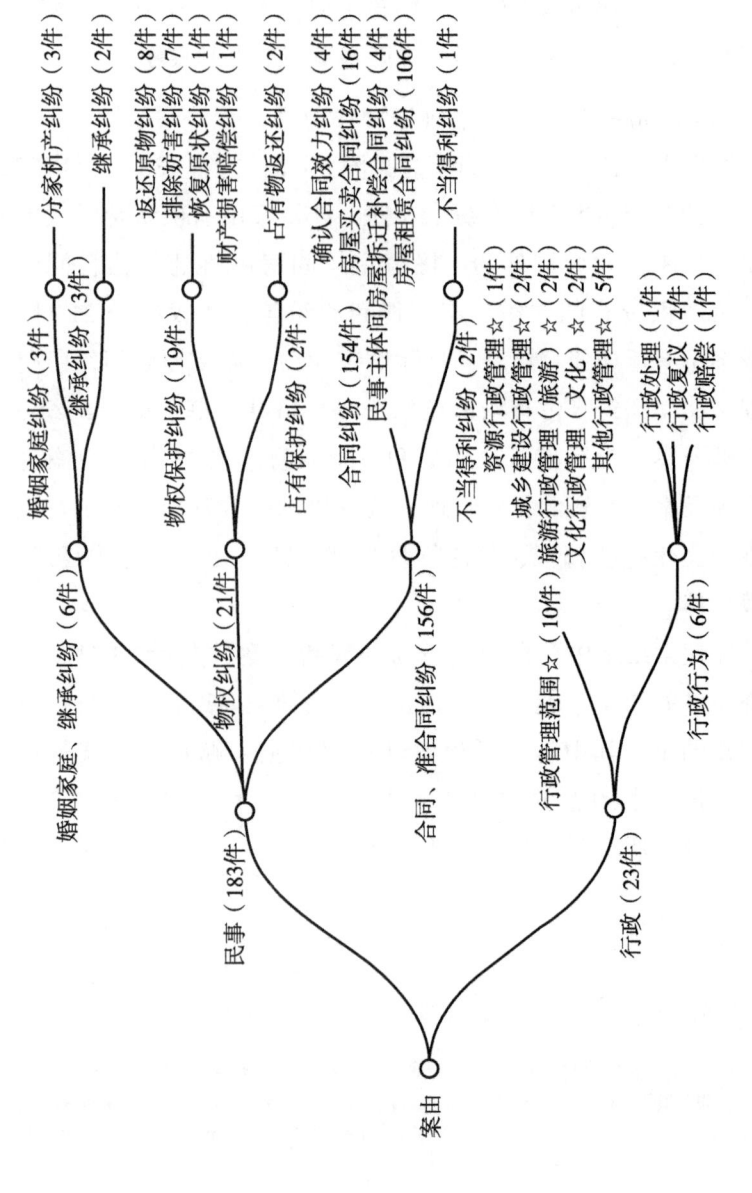

图3-2 北京市文物建筑腾退案件案由分布图

案由
- 民事（183件）
  - 婚姻家庭、继承纠纷（6件）
    - 婚姻家庭纠纷（3件）
    - 继承纠纷（3件）
      - 分家析产纠纷（3件）
      - 继承纠纷（2件）
  - 物权纠纷（21件）
    - 物权保护纠纷（19件）
      - 返还原物纠纷（8件）
      - 排除妨害纠纷（7件）
      - 恢复原状纠纷（1件）
      - 财产损害赔偿纠纷（1件）
    - 占有保护纠纷（2件）
      - 占有物返还纠纷（2件）
  - 合同、准合同纠纷（156件）
    - 合同纠纷（154件）
      - 确认合同效力纠纷（4件）
      - 房屋买卖合同纠纷（16件）
      - 民事主体间房屋拆迁补偿合同纠纷（4件）
      - 房屋租赁合同纠纷（106件）
    - 不当得利纠纷（2件）
      - 不当得利纠纷（1件）
- 行政（23件）
  - 行政管理范围 ☆（10件）
    - 资源行政管理 ☆（1件）
    - 城乡建设行政管理 ☆（2件）
    - 旅游行政管理（旅游）☆（2件）
    - 文化行政管理（文化）☆（2件）
    - 其他行政管理 ☆（5件）
  - 行政行为（6件）
    - 行政处理（1件）
    - 行政复议（4件）
    - 行政赔偿（1件）

北京文物腾退相关纠纷案件主要为民事纠纷，反映了北京文物腾退工作从征收腾退向司法腾退的工作模式转换，将文物腾退的工作重点从房屋产权的变更转变为文物建筑使用权的变更。相关案件往往涉及文物建筑的租赁合同、产权归属、补偿安置等民事法律关系。当文物建筑需要腾退以进行保护修缮时，可能引发与承租人、产权人之间的合同纠纷或侵权纠纷。由于这些争议的核心在于民事权益的确认与保护，因此主要通过民事诉讼程序解决。在处理此类案件时，法院会依据文物保护法、合同法等相关法律法规，对文物腾退的必要性和合法性进行审查，并综合考虑历史遗留、补偿安置方案等因素，力求在保护文物与保障当事人合法权益之间找到平衡点。

（三）大部分案件经一审即终结

北京市文物建筑腾退案件的审理程序分布状况为（见图 3-3）：一审案件有 121 件，占比 58.45%；二审案件有 76 件，占比 36.72%；再审案件有 8 件，占比 3.86%，国家赔偿案件有 2 件，占比 0.97%。

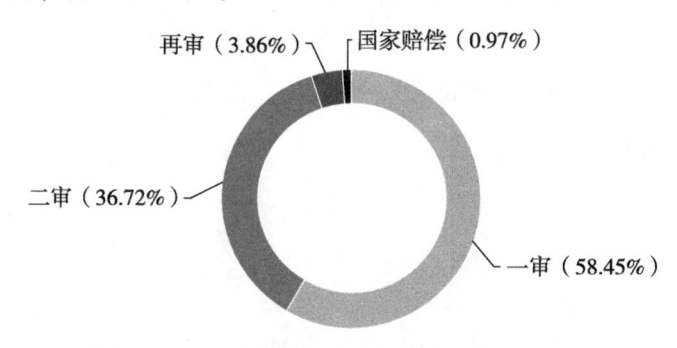

图 3-3 北京市文物建筑腾退案件审理程序分布图

对北京市文物建筑腾退案件裁判结果进行分析（见图3-4），一审121件案件中，当前条件下全部/部分支持的有84件，占比69.42%；全部驳回的有31件，占比25.62%；驳回起诉的有5件，占比4.13%。这些案件的原告均为文物的产权方或管理方（下文简称"腾退人"），有权要求文物使用人腾退，其中大部分案件的原告为被腾退人。

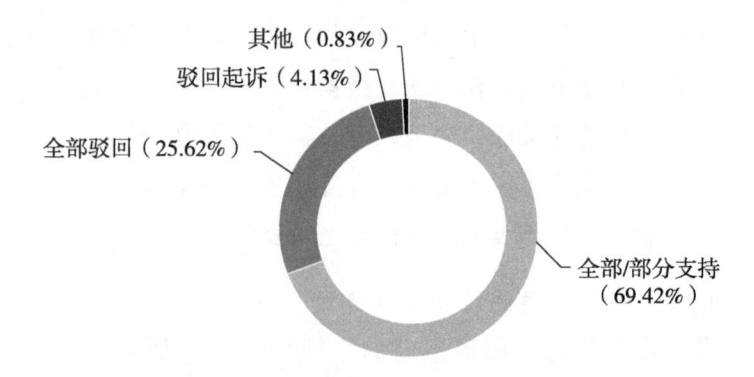

图3-4 北京市文物建筑腾退案件一审裁判结果比例图

二审76件案件中（见图3-5），维持原判的有71件，占比为93.42%；其他的有3件，占比为3.95%；改判的有2件，因一审后案件事实发生变化，认为一审适用法律无误，并针对事实变化部分撤销了部分一审判决，进行了改判[1]，占比为2.63%。

---

〔1〕 北京市第二中级人民法院，案号：（2019）京02民终5841号、（2016）京02民终9764号。

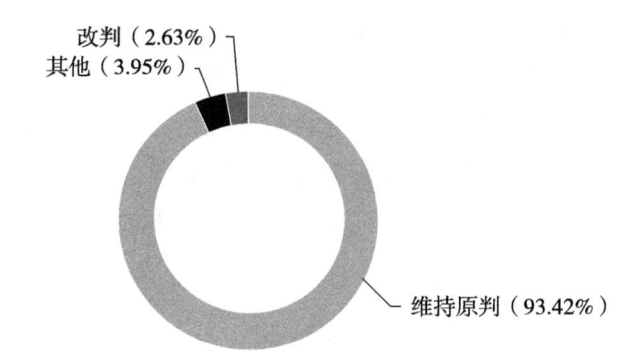

第三章 北京文物建筑腾退保护的法治保障现状 | 89

图 3-5 北京市文物建筑腾退案件二审裁判结果比例图

再审 8 件案件中（见图 3-6），当前条件下驳回再审申请的有 7 件，占比为 87.50%；维持原判的有 1 件，占比为 12.5%。

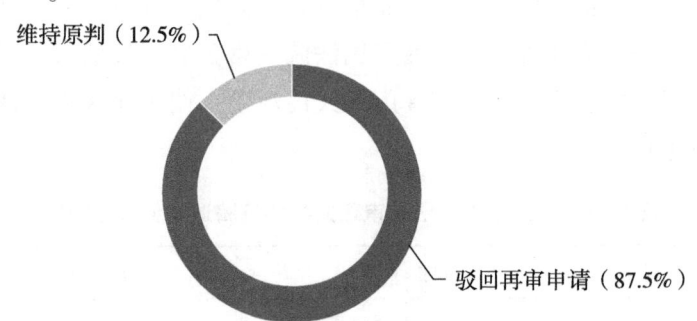

图 3-6 北京市文物建筑腾退案件再审裁判结果比例图

文物腾退相关纠纷案件中大部分能够经一审即告终结的原因主要在于法律适用明确、证据较为充分以及司法效率的追求，同时还得益于北京文物腾退支持政策和有力的补偿机制。在审理此类案件时，法院主要依据文物保护法、合同法等相关法律法规，对文物腾退的必要性和合法性进行审查。由于文物腾退往往涉及公共利益和文物保护的重大问题，相关法律法规较为明确；此类案件的证据通常也较为充分，包括文物建筑的历史价值、使用状况、产权归属等方面的证据，案件事实比较清楚，加之北京实施了一系列支持文物腾退的政策，为腾退工作提供了有力保障。

（四）案件主要分布在中心城区

按审理法院对搜索结果进行汇总（见表3-1），其中西城区人民法院有72件，第二中级人民法院有57件，东城区人民法院有11件，第三中级人民法院有11件，海淀区人民法院有10件，第四中级人民法院有10件，怀柔区人民法院有9件，第一中级人民法院有9件，北京市高级人民法院有5件，朝阳区人民法院有4件，丰台区人民法院、密云区人民法院、通州区人民法院各有2件，石景山区人民法院、门头沟区人民法院各有1件。

表3-1　北京市人民法院审理文物建筑腾退案件数分布表

序号	名称	案件数
1	北京市西城区人民法院	72
2	北京市第二中级人民法院	57
3	北京市东城区人民法院	11
4	北京市第三中级人民法院	11
5	北京市海淀区人民法院	10
6	北京市第四中级人民法院	10

续表

序号	名称	案件数
7	北京市怀柔区人民法院	9
8	北京市第一中级人民法院	9
9	北京市高级人民法院	5
10	北京市朝阳区人民法院	4
11	北京市丰台区人民法院	2
12	北京市密云区人民法院	2
13	北京市通州区人民法院	2
14	北京市石景山区人民法院	1
15	北京市门头沟区人民法院	1

在北京市所有基层人民法院中，西城区人民法院审理的文物腾退相关案件最多，其次分别是东城区人民法院、海淀区人民法院。案件主要集中在中心城区特别是北京老城，原因在于北京中心城区承载着丰富的历史文化遗产，大量珍贵文物建筑集中于此，这些建筑不仅具有极高的历史价值，也是城市文化的重要组成部分。作为历史文化名城，北京肩负着保护传承历史文化的重任，中轴线遗产保护更是重中之重，这些都需要通过有效的文物腾退工作来实现。

（五）部分案件入选典型司法案例

在北京的文物司法腾退实践中，法院系统凭借其司法职能，不仅有力地促进了文物及时且有效腾退，还精心平衡了被腾退人的合法居住权益，从而在文物保护与居民权益之间构筑起一座和谐共生的桥梁。这一系列举措不仅体现了法治的刚性与司法的温情，更为同类案件的妥善处理树立了典范。其中部分具有代表性的文物司法腾退案件，因其卓越的文物保护成效、精准的各方利益平衡以及显著的法治建设推动作用，被最高人民法院甄选为依法保护文物和文化遗产的典型案例。这些案例的入选，不仅是对北京文物司法腾退工作的肯定，更为全国范围内的类似案件提供了参考与指导。

在审理这些典型案件的过程中，人民法院勇于探索，不断创新，致力于构建司法审判与文物保护相融合的专业化机制。法院加强与文物保护部门、城市规划部门等相关机构的沟通与协作，共同推动文物保护整体水平的提升。这不仅提高了文物司法腾退的效率，也确保了腾退工作的合理性与合法性。典型案件的判决结果充分展示了人民法院在服务大局、维护首都核心区古都风貌保护方面的使命与担当，为加强不可移动文物集群的司法保护，以及类似案件的办理，提供了具有实践意义的参考样本，对完善文化保护协作平台机制建设，强化文化保护合力也起到了积极的推动作用。

1. 涉文物保护房屋租赁合同案例

在北京市西城区，达智桥胡同 12 号 × 号平房作为一处直管公房，其特殊之处在于其位于北京市文物保护单位——杨椒山祠（明代名臣杨继盛的故居）的内部。此案例涉及的是公房租赁合同纠纷，以及因文物保护需要而引发的腾退问题。

2000 年，吕某霞与房管部门就上述公房签订了租赁合同，成为该公房的承租人。然而，随着时间的推移，该公房的管理权发生了变更。北京某投资管理集团有限公司在公有资产管理部门的授权下，接管了包括该公房在内的直管公房的全部经营管理权。2015 年 12 月，北京市文物局向西城区人民政府发出了《关于公告施行北京市文物保护单位杨椒山祠（松筠庵）保护措施的函》，明确指出了对杨椒山祠进行保护的必要性和紧迫性。随后，该公司根据文物局的要求，公示了房屋腾退的相关政策和方案，旨在推动文物的保护与修复工作。

在腾退过程中，该公司与吕某霞及共同居住人陈某就公房的腾退及补偿安置问题未能达成一致意见。该公司选择通过法律途径解决争议，向北京市西城区人民法院提起了诉讼。经过法院的审理，最终判决确认解除了吕某霞与该公司之间正在履行的案涉公房租赁合同，并要求吕某霞、陈某将公房腾空后交还该公司。为了保障被腾退人的合法居住利益，法院安排该公司提供了周转房屋供吕某霞、陈某居住。

此案例作为一起典型的由文物房屋租赁合同纠纷引发的民事案件，其处理结果不仅体现了人民法院对文物保护法、合同法的正确适用，也展示了司法在推动文物及时腾退与保障被腾退人合法居住利益之间的平衡。本案中人民法院严格公正司法，既推动了文物的及时腾退，又确保了被腾退人的居住权益，使被腾退人得到妥善安排，实现了保护文物与保障权益、法治力量与司法温度的有机统一。

该案例也凸显了杨椒山祠作为北京市文物保护单位所承载的独特历史文化价值。由于居民长期租住等原因，祠内文物建筑面临着年久失修、损毁严重的问题，安全隐患十分突出。多年来，社会各界一直呼吁加强对其的保护工作。此次通过司法途径推动的腾退工作，无疑为杨椒山祠的文物保护工作提供了有力的法治保障。

2. 维护文物合理使用案例

北京市东城区东四六条某住宅 65 号院产权系北京某公司所有，被告人马某在院内一房屋租住。2019 年 3 月，马某曾就房屋修缮问题向该公司反映，并被告知因房屋属于国家文物不能擅自施工，需上报审批。后马某在未经文物部门审批许可的情况下，雇请个人施工队擅自动工，将该住宅四进院北房东配房房顶及三面墙体拆除，造成房屋大面积损毁。经查，马某承租房屋所处住宅于 1988 年 1 月 13 日被国务院确定为第三批全国重点文物保护单位，经北京市古代建筑研究所鉴定，被毁损部分为文物本体，单体损毁程度较为严重，对整组文物建筑群的影响程度为中度。法院认为，被告人马某明知承租房屋为全国重点文物保护单位，未经有关部门批准、未做专业防护，擅自雇佣不具备资质的施工单位进行修缮致使文物本体损毁，其行为已构成故意损毁文物罪，依法应予惩处。据此，法院以故意损毁文物罪对马某定罪处罚。

本案是未经审批修缮房屋致使全国重点文物保护单位本体损毁的案件。文物是不可再生的文化资源，法律规定一切机关、组织和个人都有依法保护文物的义务。法院以故意损毁文物罪追究被告人的刑事责任，体现了严厉惩治文物犯罪的鲜明立场、释放了精心保护文化遗产的强烈信号，引导社会公众树立正确的文物保护观，唤醒保护意识，激发参与热情，提升文化自信，让公众自觉成为历史文化金名片的保护者和践行者。[1]

3. 涉文物预防性司法保护令案例

在某涉及四合院所有权与使用权争议的案件中，某集团公司与某房地产公司因对双方合同关系的性质存在分歧，最终诉诸法律。该四合院作为案件的核心资产，其历史价值与法律地位的明确成为解决争议的关键。据悉，该四合院早于1984年被北京市确定为第三批市级文物保护单位，其保护与合理利用不仅关乎文化遗产的传承，也牵动着两家企业的切身利益。

2004年，集团公司作为四合院所有权人，与房地产公司签订了一份为期40年的租赁合同，并附加了在政策允许及主管部门同意的前提下，可办理所有权转让的特别条款。次年，双方进一步签署了所有权转让协议，但明确该协议需待主管部门批准后方能生效。随后，房地产公司作为实际管理和使用者，在获得批准后，对四合院进行了一系列保护性修复，并将其用于展示收藏品。

随着时间的推移，双方对于合同关系的本质——究竟是租赁还是买卖——产生了根本性分歧。集团公司主张，由于主管部门未予批准，双方应视为租赁关系，并据此要求确认租期超出法定最长租赁期限（20年）的部分无效。相对而言，房地产公司则坚持认为，双方已就买卖达成合意，且主管部门已实质批准，但因四合院作为文物的特殊属性，无法完成过户和抵押手续，故集团公司未能履行过户义务，构成违约。

---

〔1〕 参见李袁婕：《论文物行政执法与刑事司法双向衔接的完善》，载《故宫博物院院刊》2023年第9期，第139—145页。

案件进入司法程序后，法院首先对四合院的文化遗产价值给予了高度关注。为深入了解案情并寻求和解可能，承办法官组织双方进行了现场勘验，同时从文物保护的角度出发，尝试调解双方争议。遗憾的是，由于分歧过大，调解未能成功。鉴于此，为保护这一不可移动文物免受诉讼过程中的潜在损害，东城区人民法院依据相关法律法规，创造性地向双方当事人发出了司法保护令。这一举措体现了法院对文物保护工作的高度重视，也是北京法院首次针对不可移动文物采取的预防性司法保护措施。司法保护令的发出，确保了四合院在诉讼阶段及后续执行阶段均能得到持续有效的保护，为文物的安全与完整提供了坚实的法律保障。

三、北京文物建筑腾退保护的申请式腾退模式

申请式腾退是北京在文物建筑腾退保护工作中依据相关法律法规，针对文物建筑腾退的实际困难，结合文物建筑的产权和使用情况，摸索出的创新工作模式。申请式腾退鼓励文物建筑内的居民自愿申请退租，政府则提供货币补偿，并对接共有产权房源和公租房等住房保障政策，以确保居民的居住需求得到满足。退租后的文物建筑能够按照保护规划和恢复性修建工艺要求进行修缮，实现恢复文物建筑历史风貌和建筑价值的保护目标。

（一）北京文物建筑申请式腾退的政策发展

为保护和恢复北京四合院的历史风貌，改善老城区民众的居住环境，解决征收腾退和司法腾退工作中的难点，2018年北

京市人民政府办公厅下发的《关于加强直管公房管理的意见》提出，要有序推进平房直管公房申请式腾退，鼓励通过平移置换实施整院腾退。

《关于加强直管公房管理的意见》鼓励位于历史文化街区内的直管公房，尤其是文物建筑的承租人自愿交回使用权。该政策强调居民自愿原则，无强制性要求，以给予承租人适当的货币补偿作为激励。同时，政策与住房保障措施有效对接，确保腾退居民能够申请购买共有产权房或承租公租房，符合条件的将享受优先配售配租。政府或受其委托的单位作为实施主体，将结合腾退家庭的住房困难程度、外迁房源数量及资金保障计划，合理统筹安排腾退工作。完成腾退后，文物建筑将由经营管理单位及时恢复原有布局，拆除违法建设，并完善公共服务设施，改善居住环境。在符合首都功能定位和城市规划的前提下，这些恢复性修建的房屋将被合理经营利用，以更好地保护历史文化遗产。这一系列规定既体现了政府对文物保护的重视，也体现了对承租人的利益和生活需求的充分关注，为文物建筑的腾退与修缮提供了全面的政策支持和制度保障。[1]

2019年1月18日，北京市住建委公布了由市住建委、东城区人民政府、西城区人民政府联合印发的《关于做好核心区历史文化街区平房直管公房申请式退租、恢复性修建和经营管理有关工作的通知》（下文简称《通知》）。《通知》对实施程序作了如下规定。（1）区主管部门结合标准和保护规划实施、财政预算、

---

[1] 参见严巧兵、张蕊、齐泽阳：《北京市历史文化街区交通环境提升研究——以法源寺核心保护区为例》，载《交通工程》2020年第2期，第29—36页。

外迁房源供应等情况，科学制定片区申请式退租和恢复性修建方案，报区政府批准后及时向社会公布。（2）恢复性修建片区内的直管公房承租人持直管公房租赁合同、本人身份证明及户籍证明等材料，向实施主体提出申请。（3）实施主体受理申请，按照区主管部门确定的申请式退租补偿标准，计算货币补偿金额。补偿标准原则上按照退租房屋市场价值总额扣除房屋重置成新价款后进行计算。对自愿将户口迁出中心城区的，可给予适当奖励，具体标准由东城区、西城区政府协商一致，分别制定。（4）承租人与实施主体签订申请式退租协议，经营管理单位根据协议与承租人解除租赁合同，收回直管公房使用权，实施主体给付承租人货币补偿款。（5）承租人交回使用权后，区政府可提供定向安置房供有需求的家庭购买或承租。

2021年8月，《北京市城市更新行动计划（2021—2025年）》下发，对城市更新内容进行分类。其中第一类是首都功能核心区平房（院落）申请式退租和保护性修缮、恢复性修建。此外，该计划还包括老旧小区改造、危旧楼房改建和简易楼腾退改造、老旧楼宇与传统商圈改造升级、低效产业园区"腾笼换鸟"和老旧厂房更新改造、城镇棚户区改造等方面，并制定了详细的政策清单。

2022年11月25日，《北京城市更新条例》通过，于2023年3月1日开始实行，对城市更新规划、主体、实施要求和程序等方面进行了详细规定。其中第二十八条规定限定了文物建筑腾退中征收腾退的适用范围，规定："城市更新项目范围内物业权利人腾退协议签约比例达到百分之九十五以上的，实施主体与未签约物业权利人可以向区人民政府申请调解。调解不成且项目实施涉及法律、行政法规规定的公共利益，确需征收房屋的，区人民政府可以依据《国有土地上房屋征收与补偿条例》等有关法律法规规定对未签约的房屋实施房屋征收。"这标志着征收腾退已经不是文物建筑的主要腾退方式，而是在申请腾退之外的补充工作方式。

其中第三十条规定："实施首都功能核心区平房院落保护性修缮、恢复性修建的，可以采用申请式退租、换租、房屋置换等方式，完善配套功能，改善居住环境，加强历史文化保护，恢复传统四合院基本格局；按照核心区控制性详细规划合理利用腾退房屋，建立健全平房区社会管理机制。核心区以外的地区可以参照执行。"将申请式退租、换租、房屋置换作为包括文物建筑在内的核心区平房院落腾退的方式。

第三十条还规定："实施主体完成直管公房申请式退租和恢复性修建后，可以获得经营房屋的权利。推进直管公房经营预期收益等应收账款质押，鼓励金融机构向获得区人民政府批准授权的实施主体给予贷款支持。""区属直管公房完成退租、腾退后，可以由实施主体与区人民政府授权的代持机构根据出资、添附情况，按照国有资产管理有关规定共同享有权益。"明确了实施主体的经营房屋的权利和资金支持政策。

第三十条对腾退空间的使用也作出了规划："首都功能核心区平房院落腾退空间，在满足居民共生院改造和申请式改善的基础上，允许实施主体依据控制性详细规划，利用腾退空间发展租赁住房、便民服务、商务文化服务等行业。"

(二) 北京文物建筑申请式腾退保护优秀案例

北京申请式腾退政策在文物建筑保护方面取得了显著成效，涌现出一系列优秀案例。这些案例通过居民自愿申请、多方协作的方式，实现了文物建筑及周边环境的腾退，为后续的保护和合理利用奠定了基础。在腾退过程中，保护与利用并重，既有效保护了文物建筑的历史风貌，又改善了居民生活条件，促进了城市更新与发展。

1. 中轴线申遗保护中文物建筑腾退

在北京中轴线这项独一无二的城市轴线保护工作中，文物建筑的腾退成为一项核心任务，对推动其申遗进程具有至关重要的意义。中轴线不仅串联着金碧辉煌的皇家宫殿，也穿插着青砖灰瓦的四合院落，构成了丰富的历史文化景观。然而，由于历史遗留问题，中轴线上的文物古建面临着产权复杂、协调难度大等挑战，部分文物建筑被不合理使用，存在安全隐患。为了克服这些困难，相关部门积极开展了文物建筑的腾退工作。

在具体实施中，东城区和西城区分别列出了文物腾退的"清单"，并逐步推进。东城区计划实现47处重点文物的腾退、修缮与合理利用，并陆续启动了故宫周边环境的整治工作，完成了东堂子4号、6号和清华寺二期的腾退。同时，东城区还选取了雍和宫大街的四个院落和东直门北二里庄的部分院落作为首批试点，运用针对核心区历史文化街区平房直管公房的创新政策，启动了申请式退租。西城区则聚焦于名人故居和会馆的腾退，2017年至少启动了32处古建的腾退工作，包括安徽会馆、浏阳会馆等,并通过历史保护、保留提升、更新改造三种方式,推动街区小规模、渐进式、可持续保护更新。

在腾退过程中,文物部门采取了逐一约谈并签订安全责任协议的工作方式,同时充分尊重居民意愿,鼓励居民自愿申请腾退,为文物建筑的修缮和保护提供了必要的空间条件。目前,一批重点文物如先农坛庆成宫、国立蒙藏学校旧址等已完成腾退,并进行了必要的修缮工作,恢复了其历史风貌。同时,文物建筑周边环境也得到了整治,为游客和市民提供了更加宜人的参观环境。这些腾退和保护工作的成果,不仅有助于展示北京中轴线的历史文化价值,也为北京中轴线的申遗工作奠定了坚实的基础。

2. 南锣鼓巷历史文化街区整治中的文物腾退

南锣鼓巷,这条位于北京中轴线东侧的古老街区,以悠久的历史和丰富的文化底蕴闻名遐迩。为了保护和传承这一珍贵的历史文化遗产,近年来,南锣鼓巷历史文化街区启动了大规模的整治工作,其中文物腾退成为一项关键举措。

南锣鼓巷地区,作为北京中轴线东侧交道口地区的重要组成部分,是北京历史最悠久的街区之一,其范围北起鼓楼东大街,南至地安门东大街,东起交道口南大街,西至地安门外大街,占地面积约0.88平方公里,拥有873个院落,居住着3.6万人口。该区域因历史原因,存在人口密度高、房屋产权复杂、公房自管占比大、房屋破损严重、文物资源丰富但风貌受损及基础设施薄弱等问题。

为应对这些挑战，2015年初，东城区人民政府根据《东城区疏解非首都功能工作方案》的部署，启动了南锣鼓巷四条胡同（帽儿胡同、雨儿胡同、蓑衣胡同、福祥胡同）的修缮项目，旨在探索文保区平房修缮改造的新模式。同年8月，《南锣鼓巷地区四条胡同修缮整治项目腾退安置方案》正式实施，这是"申请式腾退"模式的首次实践。该模式以政府推动、居民自愿、市场运作和平等协商为原则，主要针对直管公房，为居民提供了包括定向安置、货币补偿、平移置换及留住修缮在内的多种选择。[1]

为进一步加强风貌保护，2016年底，东城区人民政府发布了《南锣鼓巷历史文化街区风貌保护导则》，2017年《北京城市总体规划（2016年—2035年）》又明确提出"什刹海－南锣鼓巷文化精华区"的规划，强调通过腾退和恢复性修建来保护历史信息。2018年，政府全面梳理了院落腾退现状，并出台了《关于加强直管公房管理的意见》，以规范直管公房管理，推动历史文化街区平房的腾退与修缮。经过一系列努力，南锣鼓巷地区的文物腾退工作取得了显著成效，不仅改善了居民的生活条件，还有效保护了文物建筑的历史风貌，使街区的整体环境和文化氛围有了积极的变化，使南锣鼓巷成为展示北京历史文化的重要窗口。

随着腾退工作的推进，一批批珍贵文物建筑得以重见天日。

---

[1] 参见李磊、宋维卿、吕帅帅：《对话：北京南锣鼓巷的"后腾退时代"》，载《北京规划建设》2020年第5期，第87—95页。

东城区人民政府邀请了古建专家和设计团队参与修缮工作,遵循"修旧如旧"的原则,最大限度地保留了文物建筑的历史风貌和建筑特色。同时,针对腾退后的空间,东城区人民政府还进行了合理的规划和利用,引入了公共服务和文化设施,提升了街区的整体环境和文化氛围。

如今,南锣鼓巷历史文化街区的整治工作已取得显著成效。文物建筑得到了有效的保护和修缮,居民的生活条件得到了显著改善,街区的整体环境和文化氛围也变得更加宜人和浓厚。南锣鼓巷不仅成为展示北京历史文化的重要窗口,也为其他历史文化街区的保护和整治提供了有益的借鉴。

第四章　北京文物建筑腾退保护中的困难及法治路径

北京文物建筑腾退保护工作在近年来取得了令人瞩目的成绩，一系列重要文化遗产得以从危机中被挽救，重焕生机。通过政府、社会各界以及专业团队的共同努力，许多历史建筑被成功腾退，并得到了妥善的修缮与保护，为城市的文化传承与发展奠定了坚实基础。然而，我们必须清醒地认识到，未来的文物建筑腾退保护工作仍然面临着众多困难和挑战，需要继续加强法治建设，完善相关法律法规，为文物建筑腾退保护提供有力的法律保障，推动北京文物建筑腾退保护工作迈上新的台阶。

第一节　北京文物建筑腾退保护面临的主要困难

北京文物建筑腾退保护工作，尽管采取了包括房屋征收、司法腾退、申请式腾退等多种工作模式，但目前仍面临诸多挑战。产权复杂导致的协调难度大、大量文物建筑被不合理占用且存在安全隐患，以及腾退资金缺口大等问题尤为突出。这些问题不仅考验着政府和相关部门的智慧与决心，也需要社会各界广泛参与和共同努力，以确保北京宝贵的文化遗产得到有效保护与传承。

一、北京文物建筑征收腾退面临的主要困难

在习近平总书记提出"北京老城不能再拆了"之后，北京老城作为历史文化名城保护的重点区域，不再开展大规模的拆迁建设，转而以保护北京老城的整体历史文化风貌为主。在此背景下，通过征收的方式实现文物建筑腾退存在较大的困难。

（一）以往商业拆迁积累的负面印象

《国有土地上房屋征收与补偿条例》施行后，《城市房屋拆迁管理条例》同时废止，房屋商业拆迁已经退出历史舞台。以往有些拆迁项目由开发商主导，浓厚的商业色彩和不透明的补偿政策使得部分实施者为追求进度而逾越法律底线，采用不当手段，甚至给被搬迁民众留下了诸如"钉子户反而得利"等消极印象。媒体往往出于猎奇心态，热衷于报道拆迁过程中的奇闻逸事，这进一步加剧了民众对拆迁工作的疑虑和抵触情绪。尽管国有土地上的房屋征收政策已全面更新，但仍有民众认为房屋征收是拆迁政策的延续。以往商业拆迁过程中出现的产权纠纷、补偿不公、程序不透明以及对文化遗产保护的忽视等问题，积累了大量负面印象，导致民众对拆迁活动的信任度下降，认为其往往伴随着利益冲突和社会不公，这使得房屋征收工作受到阻碍。

（二）民众对征收政策存在误解

无论是拆迁还是旧城改造征收，相关政策法规在补偿对象认定、评估方法、标准设定以及时限要求等方面均有详尽规定。特别是政府作为征收主体后，在制度细化方面付出了大量努力。但在实际操作中，民众对征收政策仍然存在误解，主要体现在将文物腾退与普通的房屋拆迁相混淆，认为应获得高额经济补偿或满足不合理诉求，忽略了文物腾退的特殊性和对历史文化保护的重要性。还有民众因为不了解征收政策的细致规定，如补偿标准、安置方案及文物建筑保护的长远规划，导致对政策执行产生不满和抵触情绪。

（三）文物建筑的征收补偿存在争议

在涉及文物建筑的民居征收工作中，最大的争议往往围绕征收补偿标准展开，即按一般房屋还是按文物建筑确定征收补偿标准。现行的《国有土地上房屋征收与补偿条例》并未对文物建筑征收的补偿作出具体规定，仅简单援引其他相关法律法规。而《中华人民共和国文物保护法》则主要关注文物保护，也未对补偿问题作明确规定。随着民众对文物建筑价值认知的提升，被征收人越来越倾向于按照文物价值进行补偿。然而，由于法律法规的空白，此类征收工作实际上陷入了无法可依的尴尬境地。《文物认定管理暂行办法》的出台使这类民居征收工作更加复杂。该办法规定所有权人有权要求政府部门认定其房屋为文物，进而在征收补偿谈判中占据有利地位。在文物建筑征收补偿标准缺失的情况下，这无疑为征收工作增加了新的难题。

（四）文物建筑腾退相关法律依据不足

《中华人民共和国文物保护法》对文物建筑的腾退问题未作任何规定，导致腾退工作在面对拒不腾退的占用者时困难重重。我国尚未制定专门针对文物建筑腾退的法律法规，对文物建筑占用单位的腾退没有强制性规定和处罚措施。对于不遵守腾退期限的住户，政府缺乏有效的强制手段。同时，现行法律也没有赋予建设部门和文物保护部门强制执行的权力。[1] 在具体操作中，由于缺乏明确的法律条款和程序规定，腾退工作往往陷入困境。

尽管2011年《城市房屋拆迁管理条例》被废止并由《国有土地上房屋征收与补偿条例》取代，文物保护在理论上迎来了新的机遇，然而现实情况远比想象复杂。新的法规虽然确立了为公共利益需要对文物建筑进行保护性征收的原则，但在实际操作中却发现文物建筑的腾退受多种因素制约且情况复杂。北京市虽然发布了相关实施意见对文物建筑征收进行了补充说明，但仍缺乏详细的文物建筑征收规定。因此，腾退依据不充分成为阻碍文物建筑保护规划方案实施的重要因素之一。

在北京历史文化名城保护背景下，通过征收方式实现文物建筑腾退存在较大困难，这主要源于传统拆迁工作政策宣传的不严谨、政策信息的不透明、涉及文物古建筑的拆迁补偿标准模糊以及文物建筑腾退方面的法律空白等。尽管有相关法规的出台，但在实际操作中仍面临诸多制约因素和复杂情况，这使

---

〔1〕 参见陈彬彬、姚苹、邵芸：《不合理使用文物建筑之腾退路径——以北京市东城区为例》，载《中共南宁市委党校学报》2018年第1期，第52—56页。

得文物建筑的腾退工作难以执行。因此，需要探索其他有效的文物建筑腾退保护方式。

二、北京文物建筑司法腾退面临的主要困难

司法腾退作为北京文物建筑腾退保护的一种有效手段，通过法律程序强制腾退被占用的文物建筑，为文物保护和合理利用提供了有力支持。然而，司法腾退涉及复杂的法律程序和利益博弈，需要耗费大量时间和资源，在实施过程中面临着诸多困难。因此，尽管司法腾退在一定程度上解决了文物建筑腾退保护的难题，政府仍需不断探索和完善相关政策和措施，以更好地推进文物保护工作。

（一）文物腾退保护正当性充分而法律依据不足

《中华人民共和国文物保护法》第七条规定："一切机关、组织和个人都有依法保护文物的义务。"对处于危险中文物进行保护，采取必要的保护措施，是法律明确规定的义务，具有充分的正当性。然而，文物腾退是否属于保护文物的必要手段，《中华人民共和国文物保护法》并没有明确规定。[1]

1. 《中华人民共和国文物保护法》对历史遗留问题缺乏关注

《中华人民共和国文物保护法》立法的立足点是已经被核定为文物保护单位的不可移动文物的原状维持和障碍排除。其侧重于规制"增量"的文物妨害行为。其适用的典型情境是，

---

[1] 参见崔璨：《传统诉讼制度下文化遗产保护的障碍及出路》，载《理论月刊》2016年第10期，第120—125页。

不可移动文物在使用过程中，出现了妨害行为，此时行政管理部门有权制止妨害行为的继续，并可依据《中华人民共和国文物保护法》第八十三条至第八十六条的规定追究行为人相应的行政法律责任和刑事法律责任。而对于历史原因形成的对文物不合理使用情形，即"存量"的妨害行为，《中华人民共和国文物保护法》没有明确的规定。

例如在"北京宣房投资管理集团有限公司与王某等恢复原状纠纷一审案"[1]中涉诉自建房屋，据被告辩称已建成40余年，其本人已在此居住30余年。据此推断涉诉自建房屋约建成于20世纪70年代，先于1982年《中华人民共和国文物保护法》的颁布和1990年宣武区人民政府公布沈家本故居（西城区金井胡同1号）为宣武区文物保护单位。结合《北京市西城区文化委员会关于公告施行西城区文物保护单位沈家本故居保护措施的函》中"沈家本故居多年来作为民居使用，文物建筑损坏严重，危害文物保护单位安全"的内容，可知沈家本故居中对文物的妨害行为是典型的"存量"行为。

文物使用的"存量"妨害行为，或称文物使用的历史遗留问题的特征在于文物使用的"存量"妨害行为在初始阶段并未违反法律，具有合理性，行为持续至《中华人民共和国文物保护法》颁布后或建筑物被核定为不可移动文物后，因法律政策的变化，行为内容虽然未变，但行为的法律性质发生了变

---

[1] 北京市西城区人民法院，案号：（2016）京0102民初21733号。

化。[1]而《中华人民共和国文物保护法》第八十条明确规定"本法自公布之日起施行",不具溯及力,只能规制其颁布之后的行为。

因此,文物使用的历史遗留问题解决的难点在于,不可移动文物的使用方式一般为居住、办公或经营等,行为具有长期性和持续性。在此期间,《中华人民共和国文物保护法》的颁布和不可移动文物的核定,可能使行为人本来合理合规的行为变为违法行为,或者随着文物保护工作的推进,城市规划的调整,文物保护标准的提高以及文物本身的自然老化,行为人本来合理合规的行为变为违法行为。而在行为人的持续性行为事实上并未发生变化的情况下,使其接受自身违法的定性,并作出不利于自身利益的腾退决定是比较困难的。这一点从相关诉讼中诸多被告(被腾退人)的答辩意见中可以得到印证。

在《中华人民共和国文物保护法》的立法框架下,国务院颁布的《文物保护法实施条例》《历史文化名城名镇名村保护条例》和北京市颁布的《北京市实施文物保护法办法》《北京历史文化名城保护条例》等法规均存在对历史遗留问题关注不足的问题。

2. 文物腾退缺乏明确标准

《中华人民共和国文物保护法》的第二十一条和第二十六条确立了不可移动文物保护的"不改变文物原状原则"。然而何为"原状"？何时之"状"为"原状"？法律没有明确规定。

---

[1] 胡建淼、杨登峰：《有利法律溯及原则及其适用中的若干问题》,《北京大学学报(哲学社会科学版)》2006 年第 06 期。

进言之，何为"改变文物原状"？"改变文物原状"至何种程度需要腾退？

不改变文物原状原则的出发点是为了保护不可移动文物的历史风貌，保护建筑物承载的历史信息的真实性和相对完整性。但是由于对上述问题缺乏明确规定，这给文物保护的实际工作造成了一定的困难。例如腾退的太原会馆[1]，即存在"建筑拆改较多但基本格局仍在"[2]的情况。在北京宣房投资管理集团有限公司与韩某某房屋租赁合同纠纷一审案[3]中，涉诉自建房为20世纪80年代建设，其存在先于诉讼双方签订《北京市公有住宅租赁合同》的2009年，是合同签订时的房屋"原状"。而从文物保护角度出发，太原会馆的"原状"应推定历史上该处房屋用作太原会馆时的状况。但是，太原会馆"建筑拆改较多"的状况是一个持续的过程，既可能包括建筑用作太原会馆时的拆改，也可能包括新中国成立后，该处房屋用作公房使用过程中的拆改。

这是建筑物类的文物普遍具有的特点，毕竟其建设之初仅为建筑，是因为其长期存续并在持续使用中承载了历史信息才成为具有保护价值的文物。例如京师大学堂建筑遗存[4]，现建筑保留有原和嘉公主府的正殿等清式建筑和民国时期建成的

---

[1] 太原会馆位于西城区储库营胡同15号，为西城区未核定为文物保护单位的不可移动文物。

[2] 北京市西城区文化委员会向北京宣房投资管理集团有限公司关于公告施行国有不可移动文物太原会馆保护措施的函。

[3] 北京市西城区人民法院，(2017) 京0102民初22353号。

[4] 东城区沙滩后街45号、47号，始建于清代，是我国近代成立的第一座高等教育学府。1990年由北京市人民政府公布为北京市文物保护单位。

数学系楼及西斋十四排中式平房。[1] 那么对于此类历史上用途多次改变，并且发生过改建、添建和拆除的建筑物，如何认定文物原状需要明确的标准。

只有在明确文物原状的标准后，才能切实贯彻不改变文物原状原则，并根据标准判断改变文物原状的程度，以此为依据，启动包括文物腾退在内的文物保护行动。

（二）文物腾退保护中行政强制措施有限

文物腾退作为行政主导的行为，是基于国家城乡规划，历史文化名城保护等需要进行的文物保护行为。北京启动的大规模的以保护为目的的文物腾退，走在了全国文物保护工作的前列，是文保工作的新探索。然而，由于尚处于探索阶段，相关管理部门缺乏有效的行政强制措施。腾退文物建筑，"腾人留房"，成为文保工作中最难啃的骨头。[2]

1. 腾退并非文物使用人的法定义务

《中华人民共和国文物保护法》第二章为"不可移动文物"，其中第十九条对影响文物保护单位安全及其环境，第二十一条对文物的修缮、保养，第二十三条对文物的用途，第二十六条对危害文物保护单位安全、破坏文物保护单位历史风貌的建筑物、构筑物，进行了规定，但是并没有直接与文物腾退有关的内容。

---

〔1〕 参见北京市古代建筑研究所编：《北京古迹概览（上）》，北京美术摄影出版社2018年版，第143页。

〔2〕 参见陈彬彬、姚苹、邵芸：《不合理使用文物建筑之腾退路径——以北京市东城区为例》，载《中共南宁市委党校学报》2018年第1期，第52—56页。

需要注意的是《中华人民共和国文物保护法》第二十一条确定了国有不可移动文物使用人和非国有不可移动文物的所有人负有对国有不可移动文物的修缮和保养义务。《北京市实施〈中华人民共和国文物保护法〉办法》（下文简称《办法》）第九条增加了不可移动文物管理人制定文物保养、修缮计划及自然灾害和突发事件的预防、处置方案的义务。《北京历史文化名城保护条例》（下文简称《条例》）第三十九条具有保护价值的建筑的所有人、管理人、使用人，应当按照有关保护规划的要求和保护修缮标准履行管理、维护、修缮的义务，并进一步明确了保护修缮标准由市规划行政主管部门会同市建设、文物行政主管部门制定。

如果不履行上述义务，《文物保护法》和《办法》均没有规定相应的法律责任，《条例》规定由市规划行政主管部门责令改正，并处 10 万元以上 20 万元以下的罚款。因此，根据现行法律法规，不可移动文物的所有人、管理人、使用人均不负有腾退文物，即放弃文物使用权的义务。同时，未履行管理、维护、修缮的义务，也不会导致腾退文物，造成丧失文物使用权的后果。因此，腾退文物并非文物保护法律法规规定的文物使用人的法定义务，亦非文物保护法律法规规定的不履行文物保养修缮义务的法定结果。[1]

2. 文物腾退不适用房屋征收

按照《国有土地上房屋征收与补偿条例》第八条的规定，

---

[1] 参见李倩茹：《依法保护北京老城"金名片"》，载《前线》2020 年第 8 期，第 72—74 页。

文物保护属于"为了保障国家安全、促进国民经济和社会发展等公共利益的需要"的征收情形之一。但是，目前北京市的大部分文物所有权形式为国有，作为使用人的居民或单位不具备所有权，不具备被征收人的主体资格，因此无法适用房屋征收。[1]

同时，北京市近期的文物腾退是基于文物保护或者历史街区保护启动的，采取的是"腾人不拆房"的方式，不属于房屋拆迁改造项目或基本建设项目。因此，腾退补偿标准与拆迁补偿标准存在一定差异，低于部分被拆迁人的心理期待。在搜索到的案例中，部分被拆迁人提出希望按照拆迁进行补偿，其中还有少数被拆迁人提起了行政诉讼。

在涉诉的行政案件中，法院无一例外对原告（上诉人）[2]的起诉（上诉）进行了驳回的裁定。原因在于，在文物腾退中文物管理部门缺乏行政强制权利，不属于行政行为，不属于法院行政案件的受理范围。如"张某某与北京市西城区人民政府一审案"[3]中，法院认为涉诉双方签订的腾退协议的内容和其所依据的《西城区仁寿路、香厂路房屋排险解危和文物保护腾退工程补偿安置方案》均无行政强制的性质。

因此，以腾退的方式对文物建筑和历史文化街区进行保护，一方面文物管理部门存在行政强制力有限，推进较为困难的问题；另一方面造成部分被腾退人对补偿标准的期待难以实

---

[1] 参见贾广葆：《土地征收中公共利益的分析界定》，载《上海房地》2017年第3期，第11页。

[2] 在搜索到的案例中，原告（上诉人）均为被腾退人。

[3] 北京市第四中级人民法院，案号：（2017）京04行初833号行政裁定。

现，拒不配合，给腾退带来了困难。

(三) 文物腾退保护司法保障具体操作尚待完善

1. 文物腾退司法保障适用范围有待拓展

目前北京市通过司法方式保障文物腾退工作的推进，案件主要集中在西城区，其他城区仅有个位数的零星案件。这一方面与北京市较大比例的文物建筑和历史街区主要集中分布在老城区，即西城区和东城区有关；另一方面也说明，使用司法手段目前还未成为北京文物保护工作的常态。通过调研发现，形成这一状况的原因主要有以下两点。

其一，文物腾退需要强大的行政支持。解决文物腾退的关键问题在于大规模财政资金的支持。文物腾退工作是城市规划、历史街区保护等整体工作中的一个环节，主要是城市规划管理部门和文物保护管理部门主导的工作，也需要相关行政管理部门的强有力的支持。在涉文物腾退的司法案件中，腾退人为被腾退人提供必要的置换住房或经济补偿也是法院判决腾退的必要条件。如"倪某某等与宣房公司返还原物纠纷二审案"[1]中，腾退人提供的"在本区区域范围内，且总使用面积优于涉案房屋的平移房屋"是法院支持腾退人诉讼请求的重要依据。

其二，文物保护工作长期以来形成的路径依赖。一直以来，我国的文物保护工作主要依靠行政管理部门推进，形成了较为成熟的经验和做法。但是文物腾退工作是新时期文物保护

---

[1] 北京市第二中级人民法院，案号：(2016) 京02民终9764号。

工作的探索，是在我国合同和物权法律制度已经较为完备的背景下进行的，具有不同于以往在拆迁征用中进行文物保护的做法的新特点。在涉及的司法案件中，案由为合同纠纷和物权纠纷的案件数量合计占全部案件数量的97.6%，即为一个有力的佐证。

此外，在49件一审案件中，仅有11件被腾退人为单位，占全部案件的22%；有38件被腾退人为自然人，其中32件为直管公房腾退。这说明文物腾退的司法保障类型较为有限，范围有待扩展。因此，在新时期推进文物保护工作，解决文物腾退问题，需要进一步探索新的解决途径，改进工作做法，扩大文物腾退司法保障的适用范围。

2. 对文物腾退法律关系的理解尚待深入

由于通过司法的方式保障文物腾退是文物保护工作的新探索，因此在实际操作中存在腾退人对相关法律关系理解不到位，采取的诉讼策略不够精准，导致败诉的情况。如"宣房公司与张某都等房屋租赁合同纠纷一审案"[1]中，原告宣房公司依据与被告张某都等，于2013年12月17日签订的《西城区仁寿路、板章路房屋排险解危和文物保护腾退协议》（下文简称《腾退协议》）诉请法院确认2010年9月双方签订的《公有住宅租赁合同》解除。原告在2013年12月12日作出的《西城区仁寿路、香厂路房屋排险解危和文物保护腾退工程补偿安置方案》规定：被腾退人于签订《腾退协议》之日起七日内应搬家交房，否则，所选安置房屋及已经办理的房屋腾退安

---

[1] 北京市西城区人民法院，案号：（2015）西民初字第15985号。

置手续终止，协议无效。

被告张某都及其共居亲属没有按《腾退协议》的约定在签订协议后七日内搬家交房，因此原被告双方签订的《腾退协议》无效。原告基于无效的《腾退协议》主张原有的《公有住宅租赁合同》解除，其诉讼请求无法得到法院的支持，2016年5月26日法院判决驳回全部诉讼请求。同时，该案被告张某都对西城区人民政府提出行政诉讼[1]，要求被告履行《腾退协议》，2017年9月19日被法院以不属于行政诉讼的受案范围，不符合法定起诉条件为由，裁定驳回起诉。之后张某都上诉[2]，2017年12月29日二审法院裁定驳回上诉、维持原判。

宣房公司在调整诉讼策略后重新起诉张某都，得到法院支持[3]，2017年2月27日判决诉讼双方《公有住宅租赁合同》解除，被告3日内腾空房屋，平移至原告提供的房屋租住。后被告提起上诉，2018年1月2日二审法院判决驳回上诉、维持原判。[4]

本案历时4年余，历经5次诉讼，最终实现腾退，消耗了大量时间、精力，是一起比较典型的由于腾退人采取的诉讼策略出现偏差，导致提出的诉讼请求依据不足被驳回，需要调整诉讼请求，另行起诉的案件。因此，加强腾退人对相关法律关系的理解与把握，总结和完善实践工作中的经验是司法保障文物腾退工作中需要进一步解决的问题。

---

[1] 北京市第四中级人民法院，(2017) 京04行初833号。
[2] 北京市高级人民法院，案号：(2017) 京行终5003号。
[3] 北京市西城区人民法院，案号：(2016) 京0102民初21508号。
[4] 北京市第二中级人民法院，案号：(2017) 京02民终4903号。

三、北京文物建筑申请式腾退面临的主要困难

文物建筑的申请式腾退通过直管公房承租人自愿申请、签订退租协议并获得货币补偿的方式，有效促进了不符合历史文化名城保护规划的建筑的腾退，为文物建筑的保护和恢复性修建提供了空间。然而，尽管这种方式在实践中展现了一定成效，但仍需进一步完善相关法律法规、明确腾退程序和标准，加强政府与市场主体的协作，以及优化定向安置房等配套措施，以确保文物建筑腾退保护工作的顺利进行和可持续发展。

（一）"整院退租"实现较为困难

申请式退租遵循"居民自愿、平等协商、公平公开、适度改善"的原则。居民可以根据自身情况选择是否参加申请式退租，如果愿意参与，可以获得货币补偿。同时，政府还提供共有产权房源，符合条件的居民可以申请购买。对于不愿意退租的居民，可以选择留在原址居住，并通过申请式改善的方式提升居住条件。但是，申请式退租的实施也面临一些挑战。在申请式退租中实现"整院退租"是工作的理想目标，可以通过腾空整个院落来实现对文物建筑及其环境的全面保护与修复，然而在实践中很难实现。例如，不同居民的利益诉求不同，达成一致意见的难度较大；房屋权属复杂，历史遗留问题多，给退租工作带来困难；资金来源和分配问题也需要妥善解决。某申请式腾退区域，在签约户涉及的59个院落中，只有12个院落为整院腾退，面积仅占总签约面积的9.2%，剩余47个院落均有居民留住，未腾退的房屋无规则分布于各个大杂院当中，呈

"蜂窝煤"状,该院落形态给后期土地整合、房屋修缮、院落利用带来了难题。[1]

(二) 留住居民存在较多顾虑

一些居民可能对退租后的生活存在担忧,比如新房源的位置、环境、配套设施等是否符合他们的期望,以及是否能够负担得起新房源的费用等。这些担忧可能导致他们不愿意选择退租。对于一些长期居住在该区域的居民来说,他们可能已经建立了稳定的社交和社区关系,对周围环境有着深厚的感情。退租可能意味着他们需要离开熟悉的环境和社区,这可能对他们的社交和心理健康造成一定的影响。

在申请式文物建筑腾退过程中,留住居民存在较多顾虑的困难不容忽视。尽管政府为居民提供了一定的经济补偿和安置方案,但部分收入较低或有特殊需求的居民,在面对新房源费用及后续生活成本时,仍可能感到力不从心,因此倾向于选择继续居住在原址。这些未参与腾退签约的居民,往往对现行政策抱有较大的不满情绪,且家庭内部矛盾复杂,自建房数量多且有人居住,使得安置工作变得尤为棘手。此外,根据深入调查,南锣鼓巷地区留住居民未腾退的原因多样,其中政策不合适占比较高,家庭矛盾、交通便利性问题紧随其后,同时,小孩上学、对平房的深厚情感以及其他个人因素也成为影响腾退决策的重要因素。针对这一现状,全面梳理院落腾退情况,灵活运用多种合理措施,如细化政策条款、加强家庭矛盾调解、

---

〔1〕 参见李磊、宋维卿、吕帅帅:《对话:北京南锣鼓巷的"后腾退时代"》,载《北京规划建设》2020 年第 5 期,第 87—95 页。

提供多样化的安置选择等，对推进腾退工作、确定院落修缮整治措施以及研究后续政策实施路径和原则至关重要。

(三) 产权复杂带来重重障碍

在申请式退租的过程中，如果房屋的产权归属不清晰，存在争议或模糊地带，就会给退租工作带来极大的困难。因为产权归属是决定房屋使用权、收益权和处置权的关键因素，如果这些问题没有明确，就无法确定谁有权决定退租，也无法确定退租后补偿款的归属。在一些老旧小区或院落中，可能存在多户居民共同拥有一处房产的情况。这种情况下，如果其中一户居民想要退租，就需要得到其他共有产权人的同意，否则无法实施。然而，共有产权人之间可能存在利益冲突或沟通不畅等问题，彼此很难达成一致意见。

在单位自管公房中，房屋的产权归属单位，但使用权却归属职工。这种情况下，如果职工想要退租，就需要得到单位的同意，并按照单位的规定进行操作。然而，单位自管公房的管理和运营方式各不相同，因此可能存在各种复杂的问题和纠纷，给退租工作带来困难。在老旧小区或院落中，可能存在一些历史遗留问题，如房屋面积不准确、产权证书丢失或损坏等。这些问题可能导致产权关系无法确认，从而给退租工作带来困难。这些问题需要花费大量的时间和精力去调查和核实，而且可能涉及多个部门和机构的协调配合。

在申请式文物建筑腾退过程中，解决产权复杂性问题成了腾退工作的巨大挑战。这些历史建筑不仅涵盖了公产、私产、军产以及单位产等多种产权形式，而且其使用方式也极为多样。追溯至新中国成立初期，由于历史原因，众多具有历史价值的建筑被分配给各类单位使用，并随后被部分单位作为营利手段出租，导致产权单位在保护与修缮责任上的模糊与推诿。以北京市东城区为例，该区域内356处文物点的产权归属错综复杂，包括中央产权98处、市级产权55处、区级产权120处、军产18处、企业及个人产权41处，以及混合产权24处，形成多头管理、分割使用的局面，使保护责任难以有效落实，区级层面在协调各方利益与责任时面临巨大困难。如位于东城区张自忠路3号院的全国重点文物保护单位——清朝陆军部和海军部旧址，就因分为东西两院，分别由中国人民大学和中国社会科学院下属的5个国际问题研究所管理使用，仅此就涉及两个产权单位，其协调难度之大，可见一斑。

（四）实施主体面临经营压力

实施直管公房腾退的核心力量，往往源自国有产权单位或市、区级国有企业。在西城区，承担此重任的包括北京德源尚嘉城市更新置业发展有限公司、北京金恒丰城市更新资产运营管理有限公司等多家区内实力派国企。而在东城区，腾退工作的主导者为首开集团旗下的首开东城城市更新建设运营有限公司。在整个腾退流程中，政府角色更多地转为幕后规划者、方案制定者及审批工作者，而具体实操层面则交由这些实施主体来完成。相较于传统的征收模式——在房价上涨背景下成本激增、争议频发——腾退不仅经济成本更低、灵活性更高，还能有效减少社会争议。

然而，首都功能核心区的腾退项目，在启动阶段往往需要大量的资金投入，且资金回报周期较长。面对这样的挑战，区级政府和实施主体国企均感受到了不小的资金压力。为此，它们期望能引入民间资本，借助委托经营权融资等手段来缓解资金困境。2022年，北京市发展改革委公布的数据显示，推荐的11个项目中，投资规模介于10亿—30亿元。例如，西城区棉花片A3地块的更新项目，占地3.7公顷，规划建筑面积达9.43万平方米，总投资额高达27.6亿元。该项目计划引入19.3亿元的民间资本，占总投资的近七成，合作方式为参与项目建设。类似的合作模式还见于法源寺、天桥等项目。

不同的城区和项目，对民间资本的参与方式也有不同的需求。在宣西文化精华区的几个保护提升项目中，民间资本主要以债权形式介入，唯独安徽会馆周边地区的项目，民间资本有机会实现控股。这些项目均坐落于首都功能核心区，地理位置十分优越，对相关产业的准入门槛也相应较高。目前，这些项目的核心工作仍集中在腾退与修建阶段，后期的运营模式尚待进一步探索。

第二节　北京深入推进文物腾退保护的法治路径

在北京文物腾退保护的工作中，深入推进文物腾退保护的法治建设显得尤为重要。这不仅是对历史文化遗产保护的高度重视与责任担当，更是为了确保文物资源能够在法治的轨道上得到合理利用与严格保护，有效防止文物被非法侵占或破坏，保护文物安全，进而促进文化遗产的传承与发展。

一、进一步明确文物腾退的法律依据

北京市对文物保护工作历来非常重视,依据《文物保护法》《文物保护法实施条例》《历史文化名城名镇名村保护条例》《国务院关于进一步加强文物工作的指导意见》等法规政策,先后颁布了《北京市实施〈中华人民共和国文物保护法〉办法》《北京历史文化名城保护条例》《北京市人民政府关于进一步加强文物工作的实施意见》《北京中轴线文化遗产保护条例》等地方性法规政策,对文物采取保护措施,提供充分的法律依据。

基于北京市目前文物保护工作的情况,还需要把文物腾退作为文物的必要保护措施加以明确规定。《北京城市总体规划(2016年—2035年)》(下文简称《总规》)提出要完善文物保护与周边环境管控的法规和机制,严格执行保护要求,严禁拆除各级各类不可移动文物,结合功能疏解,开展重点文物的腾退。《总规》的落实,一方面需要相关行政部门的积极推进,另一方面也需要有相应的法律法规进行明确规范。完善相关政策法规,需处理好以下两个问题。

(一)文物腾退政策要兼顾历史和现实状况

对文物进行腾退是文物保护工作的重要内容,同时也是城市规划、城市管理、环境整治、改善人居环境的一部分,涉及北京非首都功能疏解、棚户区改造、历史文化街区保护等方面的工作。

建筑类文物的使用现状是在特定的历史背景下形成,具有历史的合理性。部分文物,特别是作为民居的文物,在使用过程中，使用者与文物形成相互依存的共生关系，人的日常生活成为历史街区重要的文化内容。在北京城市规划调整和推进历史文化名城保护的过程中，对于文物的使用现状应当予以认可和尊重，对于使用人要予以人文关怀。[1]

2019年北京开始尝试运用"申请式退租、申请式改善、共生院"模式解决历史街区的直管公房腾退修缮问题，是这方面的有益探索。但对于文物建筑的腾退保护还需要进一步细化工作机制，对于具有特殊历史价值、不适宜共生院改造的文物建筑，对于单位占用，作为办公使用的文物建筑，均需要在兼顾历史和现实的基础上，出台有针对性的腾退保护政策。

（二）建立文物使用退出机制

文物建筑的腾退保护与历史街区直管公房的腾退修缮密切联系，又有所区别。北京有相当一部分文物建筑既地处历史街区，同时又作为直管公房使用。在历史街区直管公房尝试使用"申请式退租、申请式改善、共生院"模式后，在区域内大部分居民同意选择复管的前提下，居民可以自主决定申请选择退租、改善或者共生。

但是，文物建筑的腾退保护相对于历史街区的其他直管公房而言，采取腾退保护的需要更具紧迫性。在居民未主动要求腾退的区域、暂未实施申请式退租模式的区域以及不处于历史街区的文物建筑，如何启动腾退行动，需要明确的依据。目前北京市主要采取文物行政管理部门发函、公告等形式确定文

---

〔1〕 参见李倩茹：《依法保护北京老城"金名片"》，载《前线》2020年第8期，第72—74页。

腾退区域，由文物的产权单位或管理人发布腾退补偿标准，具体实施腾退工作。

北京市对于文物建筑的保护修缮制定了明确的标准，也明确规定了主管部门，但是对于文物腾退目前尚无明确的法律依据。需要在现有法律法规的基础上，进一步明确文物腾退标准，界定何种情况下需要采取腾退的方式进行保护，明确配合腾退是不可移动文物的所有人、管理人、使用人的义务。条件成熟时，可以建立文物使用评级制度，对不合理使用情况严重的，探索建立文物使用退出机制。[1]

目前北京文物腾退中直管公房和单位自管公房腾退取得了比较理想的成果，但是社会单位、中央单位、部队使用的文物，由于行政管理上的层级差异，沟通协调存在较大的困难，是北京文物腾退工作的难点。立法将文物腾退标准和腾退义务进行明确，使解决非市管单位，特别是央管、国管、军管单位使用文物腾退问题有了法律依据，协调难度将大大降低。

二、坚持通过法律途径解决文物腾退问题

在北京文物腾退工作中，东城区采用了"协议腾退+民事诉讼"司法实施途径，西城区探索形成了"主体尽责、依法维权、合理腾退、司法保障"的工作模式。这些做法突破了以往文物管理和征收的单纯行政手段，采用了协议、诉讼等民事法律手段，均取得了良好效果。

---

〔1〕 参见李倩茹：《依法保护北京老城"金名片"》，载《前线》2020年第8期，第72—74页。

（一）坚持完善民事法律途径

近年来，北京的文物腾退工作较为克制地使用了行政手段，主要通过协商、协议的方式进行腾退。虽然行政强制措施的不足带来了腾退工作推进困难、进展不快的问题，但是，这恰恰较为充分地体现了法治精神，体现了对文物使用人权利的尊重。

文物腾退不仅仅是对文物的保护，也不仅仅是非首都功能疏解、棚户区改造和环境综合整治，对于被腾退人，特别是对居住使用的被腾退人来说，腾退文物是关乎民生的重大问题。决不能为追求效率，"一腾了之"，要尊重文物使用人的合法权益和合法诉求。现有的裁判文书中，均是对被腾退人的居住问题进行了妥善处理的前提下，作出支持腾退人的诉讼请求的裁判。[1]因此，建立文物使用退出机制，需要明确腾退的标准，为文物腾退提供法律依据。但是在具体问题处理中，要慎重使用行政手段，继续坚持在相关法律的框架内解决问题的先进经验，把文物腾退问题作为平等主体之间的纠纷来解决。

（二）探索多元化司法解决途径

多元化纠纷解决机制的良好运转需要调动、整合各种社会资源以及对接、协调各种纠纷解决途径。法院有职权的边界，其协调能力和调动资源的能力均十分有限，由法院牵头并推动，党委和政府重视并给予政策、制度、财政、人员、平台等方面的支持，能够使社会资源被合理配置和高效整合，促成各

---

[1] 如刘某玲与北京宣房投资管理公司房屋租赁合同纠纷二审案（北京市第二中级人民法院，案号：(2016) 京02民终3838号案号）中，提出在腾退安置、补偿争议未解决前，被腾退人可在腾退人提供的房屋内继续居住。

种纠纷化解机制有序协调并有机结合，真正落实多元化纠纷解决机制，发挥其长效作用。[1] 在处理三条文化带文物腾退相关纠纷中，研究建立多元化纠纷解决机制，采取使用权置换的方式，引入检察监督和公益诉讼，分类解决文物腾退问题，有利于化解社会矛盾，实现文物腾退，进而达到适时修缮、保护的目的。

三、订立文物腾退法律工作指引

文物腾退工作是北京全国文化中心建设面临的一项长期性工作，也是三条文化带建设工作的重要组成部分，对于三条文化带各级各类文物及时修缮、合理利用、活化开发都有着重要意义。

（一）深入研究文物腾退法律关系

目前北京市通过法律途径解决文物腾退工作方面取得了一定的进展，特别是不可移动文物相对比较集中的西城区和东城区总结出一批切实可行的工作经验，形成了比较成熟的腾退工作方案。对三条文化带的整体保护利用，面临的文物腾退问题更为复杂，涉及面广，产权形式多样，文物形态各异，将涉及更多类型的法律关系。因此，有必要对目前腾退工作进行深入研究，理清文物腾退中的各类法律问题，并建立相应的工作机制，以保证文物腾退工作的有序进行。

---

[1] 参见辽宁省沈阳市中级人民法院课题组、孙淑华：《村级债务的风险防控及多元化解》，载《人民司法（应用）》2017年第1期，第69—74页。

（二）制订文物腾退法律工作指引

根据现有的工作经验，研究制订适用于文物腾退的诉讼和非诉讼法律业务的工作指引。在提供拆迁法律咨询、受托调查、起草修改拆迁方案、起草修改各类法律文书、出具专项法律意见书、培训拆迁工作人员、代理政府、拆迁人、拆迁单位、被拆迁人、房屋承租人、房屋同住人、房屋使用人参与拆迁评估活动、听证及谈判活动、行政裁决活动、强制拆迁活动、行政复议活动、仲裁活动、诉讼活动等法律工作中形成相对统一的工作标准，实现文物腾退纠纷的快速解决机制，避免出现因法律关系理解偏差导致工作进度滞后的现象。

第五章　北京文物建筑活化利用的法治保障现状

北京在文物建筑活化利用方面取得了显著成效。近年来，北京市人民政府高度重视文物保护与活化利用工作，通过一系列政策措施推动文物建筑的合理开发与利用，积极探索文物建筑的活化利用模式，这些举措不仅保护了文物建筑本身，还通过引入文化创意、旅游休闲等业态，赋予了文物建筑新的生命力，实现了文物保护与经济社会发展的双赢。但是仍有文物建筑只被当作普通房子使用，其文化内涵价值不能得到充分利用。因此，加强文物占用单位的搬迁工作，腾退"解放"文物，合理使用文物，发挥文物本身应有的价值作用，是北京市文物保护工作的必会之题。[1]

---

［1］　参见许伟：《文物腾退：文物保护的必解之题》，载《北京观察》2010年第7期，第24—26页。

第一节　北京文物建筑活化利用的法治保障现状

对文物建筑进行开放利用的主要法律依据是《中华人民共和国文物保护法》，其中第三十八条关于不可移动文物使用的规定，明确强调了"不改变文物原状和最小干预"的核心原则，要求使用人（或所有人）在使用不可移动文物时，必须严格遵守文物保护的法律法规和规定，确保文物的历史、艺术和科学价值不受损害。使用方需承担保护文物安全的责任，不得进行任何可能损毁、改建、添建或拆除文物的行为，同时，文物行政部门及其他相关部门应对使用情况进行监督检查，确保文物得到妥善保护。[1] 目前文物建筑利用的相关规定以规范性行政文件为主。

2016年，国家文物局印发了《关于促进文物合理利用的若干意见》，其核心目的在于全面贯彻"保护为主，抢救第一，合理利用，加强管理"的文物工作方针，深入挖掘文物资源的历史文化价值和时代价值。该意见强调，在坚持社会效益、依法合规、合理适度的基本原则下，应采取措施扩大文物资源的开放度，促进馆际交流与合作，加强革命文物的展示利用，并鼓励创新利用方式和文化创意产品的开发。[2] 同时，政策还积极支持社会力量参与文物保护与利用工作，通过政府和社会资

---

〔1〕参见杨伟东：《行政处罚设定制度：变化、理解与控制重点转换》，载《广东社会科学》2021年第4期，第233—243页。

〔2〕参见周晓健：《论文化创意产业的审美经济力——以故宫博物院文化创意产业为例》，载《经济与社会发展》2017年第2期，第10页。

本合作模式等渠道，为文物事业的可持续发展注入新的活力。实施这些措施，意见旨在提升文物资源的开放度和利用率，促进文物保护与经济社会发展的和谐共生，为传承和弘扬中华优秀传统文化贡献更大的力量。[1]

2019 年 12 月，中共中央办公厅、国务院办公厅发布《关于加强文物保护利用改革的若干意见》强调了文物资源在促进经济社会发展中的重要作用。该意见指出，应大力推进文物合理利用，提升文物资源的公共文化服务功能，盘活国有文物资源，并鼓励社会力量依法依规参与文物资源的利用。具体措施包括加强文物资源基础信息的开放共享，支持文物旅游融合发展，推介文物领域的研学旅行、体验旅游等项目，以及激发博物馆的创新活力，推动文物资源的多样化、多层次利用。这些规定旨在平衡文物保护与利用的关系，让文物活起来，更好地服务于人民群众和社会发展的需要。

2019 年 12 月，国家文物局在对《文物建筑开放导则（试行）》（文物保发〔2017〕23 号）进行调整的基础上发布了《文物建筑开放导则》（文物保发〔2019〕24 号），旨在科学指导和规范文物建筑开放工作。该导则基于《文物保护法》等法律法规，明确了文物建筑开放的条件、要求和操作规范，以确保在充分保护文物的前提下，更好地发挥文物建筑的公共文化属性和社会价值。该导则鼓励所有文物建筑采取不同形式对公众开放，特别是现状尚不具备开放条件的文物建筑也应创造条

---

〔1〕 参见于颖：《让博物馆文化创意产品成为城市文化传承的新动能》，载《旅顺博物馆学苑》2020 年第 00 期，第 224—230 页。

件逐步开放，以满足公共文化服务需求。同时，导则强调了文物建筑开放的社会性和公益性，提出了一系列开放使用的基本原则，如正面导向、注重公益、促进保护、服务公众等。在具体实施上，导则详细规定了开放使用方的责任、开放可行性评估、文物保护措施、日常管理和维护等内容，以确保文物建筑在开放过程中得到有效保护和合理利用。

北京市人民政府非常重视文物的开放利用工作，在 2016 年发布的《关于进一步加强文物工作的实施意见》中对文物利用作了多项具体规定。该实施意见强调，文物不仅是历史的见证，更是传承文化、服务社会的重要资源。为此，北京将推动文物资源的合理利用，提升文物工作的社会效益。具体措施包括：鼓励社会力量参与文物保护利用，促进文博创意产业发展；构建多层次、多渠道、多形式的文物交易体系，巩固全国文物交易中心地位；同时，加强文物资源的基础信息开放共享，支持文物旅游融合发展，推动文物资源的多样化利用。这些规定旨在让文物活起来，更好地服务于人民群众的精神文化需求，促进文物保护与经济社会发展的和谐共生。

2023 年 3 月生效的《北京市城市更新条例》高度重视历史建筑的保护与利用，将其明确纳入北京历史文化名城的法定保护对象，并强调在城市更新过程中应遵循规划引领、历史文化保护传承的原则。该条例推动历史建筑的全面普查与认定，为每栋历史建筑编制保护图则，并采取分类管理措施；在保护历史建筑核心价值的前提下，鼓励开放利用，支持开展面向公众的服务类经营性活动，同时明确了保护责任主体，建立健全协商共治机制，保障公众参与权。此外，该条例还坚持先治理、后更新的原则，优先补齐配套设施短板，为历史建筑的保护利用提供良好环境，旨在通过科学合理的措施确保历史建筑在城市更新中得到有效保护与合理利用。

2023年8月，北京市文物局印发《北京市文物保护利用示范区创建管理办法（试行）》旨在促进文物资源的有效保护与合理利用。该办法鼓励各区人民政府作为建设主体，依托丰富的文物资源，自主创建文物保护利用示范区。在创建过程中，特别强调文物的开放利用，要求通过创新文物保护利用机制，推动文物资源向公众开放，丰富人民群众的精神文化生活。同时，支持示范区在政策创新、先行先试方面积极探索，形成可复制、可推广的经验，以示范引领全市文物开放利用工作，促进文物事业与经济社会发展的深度融合。

为推动北京文物建筑开放利用工作，2023年12月，北京市文物局印发《北京市文物建筑开放利用导则（试行）》。该导则深入贯彻习近平文化思想，落实"保护第一、加强管理、挖掘价值、有效利用、让文物活起来"的文物工作要求，旨在有效利用首都丰富的文物资源，充分发挥其在提供公共文化服务、满足人民精神文化生活需求等方面的积极作用。该导则明确了文物建筑开放利用的基本原则，包括坚持社会效益优先、依法合规、合理适度，确保文物安全，避免破坏和过度商业化。同时，导则提出了具体的开放利用方式和要求，如鼓励社会力量参与文物建筑保护利用全过程，支持文物建筑开展面向公众的服务类经营性活动，但不得背离公共资源属性，不得开设为私人会所、高档娱乐场所。

《北京市文物建筑开放利用导则（试行）》为北京市文物建筑的开放利用提供了全面而明确的指导，旨在促进文物建筑的有效利用和文化传承。该导则明确文物建筑的开放利用类型多样，包括历史功能导向型利用、社区服务功能型利用、居住功能转型型利用、特殊类型保护利用以及经营性活动支持型利用。具体来说，宫殿、坛庙等历史建筑被倡导作为博物馆、参观游览场所开放，以展示其历史、文化和审美价值；学校、医院等公共建筑和近现代建筑则可在保护原有功能的基础上，通过划定开放区域和时段向社会开放；会馆、使馆等文物建筑被鼓励提供社区服务或作为文化展示场所，以增强其社会服务功能；住宅类文物建筑，特别是名人故居，将参照相关规范进行保护利用，而其他居民院落则可在文物腾退和安全保障的前提下，作为公共文化场所向社会开放；对于革命旧址和工业遗产，将参照专门导则进行保护利用，以传承历史记忆和弘扬革命精神。此外，导则还支持文物建筑的所有人和使用人开展面向公众的服务类经营性活动，但要求活动内容和规模与文物建筑的文化属性和承载能力相适应，且不得背离公共资源属性。这些开放利用类型充分体现了保护优先、依法合规、合理适度的原则，展现了北京市在文物建筑保护利用方面的灵活性和多样性。

近年来，我国及北京市高度重视文物的开放与利用，为此相继出台了一系列重要文件，这些文件不仅强调了文物资源在传承历史文化、服务社会、促进经济发展中的重要作用，还明确提出了加强文物保护、合理促进利用的具体措施。通过鼓励社会力量的广泛参与，推动文物资源以多种形式向公众开放，旨在满足人民群众日益增长的精神文化生活需求，促进文物保护与经济社会发展的和谐共生，让文物在新时代焕发新的活力，传承并弘扬中华优秀传统文化。

第二节 北京文物建筑活化利用的主要工作模式

文物建筑的"再利用"涉及历史文化价值的传递、现存保护和管理状况，以及社会价值的体现。文物的活化利用是指通过一种"活"的方式，从外部获取驱动力，将文物的内在核心价值经提炼、凝练后，将其中优秀的文化传统和文化基因融化、融入、植入到当今普通百姓生活中，建立符合中华优秀传统文化的价值体系，从而产生经济效益、文化效益、生态效益、社会效益，达到以"旧文物"来适应新时代并继承和弘扬的目的。

北京文物活化利用应在契合原有文物空间、延续文物价值和原有功能的基础上，赋予其适宜的当代功能，激发新的时代活力，并能带动北京及其周边地区的经济发展，打造文化品牌。近年来，北京市坚持党对文物工作的领导，进一步解放思想、转变观念，深化文物保护利用体制机制改革，坚持国有不可移动文物所有权不变、坚守文物保护底线的前提下，探索社会力量参与国有不可移动文物使用和运营管理，释放社会参与文物保护和利用的新潜力、新动能。对目前北京市文物活化利用情况进行分析，其活化利用主要有以下几种模式。

一、北京文物建筑活化利用的文博单位模式

随着城市更新与文化遗产保护工作的深入推进，北京近年来在文物腾退与空间再利用方面取得了显著成就，通过政策引导、资金扶持和社会动员等多种方式，北京成功腾退了一大批具有重要历史价值的文物建筑，为后续的保护与利用奠定了坚实基础。腾退下来的文物建筑经过保护性修缮后，被赋予了新的生命——成为博物馆的重要组成部分。

北京充分利用这些空间资源，结合各自的历史背景和文化特色，建设了一系列主题鲜明、内容丰富的博物馆。这些博物馆不仅展示了北京悠久的历史文化和灿烂的文明成就，也为公众提供了了解历史、感受文化的重要窗口。例如，北京中轴线申遗保护工作中庆成宫的腾退与利用充分体现了北京在文化遗产保护方面的积极探索。庆成宫原为先农坛斋宫，始建于明天顺二年（1458），距今已有500余年的历史。在过去，庆成宫被社会单位和居民占用，影响了文物的保护和展示。为了推进中轴线申遗工作，西城区政府启动了庆成宫文物腾退保护项目。该项目时间紧、任务重，相关单位全力压缩手续办理时限，仅用半个月完成项目前期手续，35天完成交房腾退。其间，共拆除了违法建筑110处，使得庆成宫的4处院落重见天日，居民的居住条件也得到了明显改善。

腾退后，庆成宫的保护工作随即展开。修缮过程中，遵循最小干预的原则，尽可能保持建筑本体修旧如旧。工作人员对

糟朽的部分进行了修补，恢复了院落传统材料铺装的地面，对瓦面渗漏位置进行了针对性修缮，同时，还完善了监控、消防等基础设施，确保庆成宫的安全。通过这些措施，庆成宫的历史风貌得以有效保留，为后续的利用打下了坚实基础。

在保护的基础上，庆成宫的利用规划也提上了日程。作为北京中轴线申遗保护的重要成果之一，庆成宫将在各方面条件成熟后向社会全面开放。未来，庆成宫将通过打造城市会客厅、建设传统文化体验区、引入学术交流活动等方式，搭建有关世界文化遗产学术交流的综合性平台。这不仅有助于提升公众对文化遗产保护的认识，还将促进文化遗产的交流与成果分享，进一步提升庆成宫的影响力。

还有经过腾退修缮后的皇史宬南院恢复了其原有的历史风貌和建筑格局。作为皇家档案库的重要组成部分，皇史宬南院不仅展示了明清两代的皇家档案和珍贵史料，还通过现代科技手段让观众能够更直观地了解档案背后的历史故事。北京还积极探索将工业遗产转化为博物馆资源的路径。例如，北京自来水博物馆、中国铁道博物馆正阳门馆等都是利用原工业遗址或建筑改建而成的博物馆。这些博物馆不仅保留了工业遗产的历史风貌和建筑特色，还通过展览展示让观众了解工业发展的历程和成就。

利用腾退空间建立文博单位不仅有效保护了珍贵的历史文化遗产，还为公众提供了丰富的文化体验场所。由于历史原因，许多历史建筑和文物古迹被占用或忽视。通过腾退工作，这些宝贵的文化遗产得以重见天日，并经过专业修缮焕发新的生机。文博单位的建立，为这些文物提供了一个安全、稳定的展示平台，使公众能够近距离感受历史的厚重与文化的魅力。这种展示利用效果是显而易见的，也是利用腾退空间建立文博单位的重要价值所在。

北京还探索出"文博单位引领、多方协同参与"的工作模式。这一模式充分发挥了文博单位在文物保护、研究及展示方面的专业优势，同时积极吸引社会力量的广泛参与。文博单位不仅负责文物建筑的普查、认定、保护规划及修缮工作，还通过策划丰富的展览、文化活动及教育项目，使这些历史建筑重新焕发生机，成为公众了解历史、传承文化的重要窗口。此外，文博单位还积极与企业、社区、学术机构等合作，共同探索文物建筑活化利用的新途径，如将其改造为博物馆、文化中心、创意产业园等，既保留了历史建筑的原貌，又赋予其新的功能与活力，实现了文物保护与经济社会发展的双赢。这一模式不仅促进了北京文化遗产的可持续利用，也为全国文物建筑活化利用提供了宝贵经验和示范案例。

然而，利用腾退空间建立文博单位也面临着很多困难。文博单位的建设需要投入大量的人力、物力和财力，包括文物修缮、场馆建设、展览布置等多个方面，同时文博单位持续运行的经费需求，给地方政府带来了不小的财政压力。北京需要腾退的文物建筑众多，以西城区为例，现有不可移动文物369处，文物保护任务艰巨，合理利用潜力巨大。如果都采取建立新的文博单位的模式进行保护和管理，那么，财政资金难以负担。

二、北京文物建筑活化利用的委托运营模式

北京这座拥有 3000 多年建城史和 800 多年建都史的城市，有众多包括名人故居在内的珍贵文物古迹。以往，政府在对这些文物古迹进行腾退后，通常会设立专门的事业单位来负责后续的开发与利用工作。然而，随着越来越多的"小微"古迹被逐步腾退，并散布于城市的各个角落，仅凭政府自身的力量已难以满足这些文物古迹后续利用的实际需求。

北京文物建筑活化利用的委托运营模式通过引入专业社会机构作为运营主体，对文物建筑进行修缮、保护及活化利用。这一模式的核心在于"政府主导、社会参与、专家把关、市场化运作"，旨在实现文物保护与经济社会发展的双赢。具体来说，该模式通常由政府相关部门负责文物建筑的普查、认定及保护规划的制定，并通过公开招标等方式选择具有专业资质和丰富运营经验的社会机构作为运营主体。运营主体在获得授权后，将按照政府制定的保护规划和活化利用方案，对文物建筑进行修缮、保护及活化利用。

在活化利用过程中，运营主体需充分尊重文物建筑的历史价值和文化内涵，通过创意策划和创新设计，将文物建筑打造成为集文化展示、教育普及、旅游休闲等功能于一体的综合性文化空间。同时，运营主体还需积极引入市场机制，通过商业运作实现文物建筑的可持续利用，为社会创造更多的文化价值和经济效益。

近年来，西城区积极探索文物管理社会化发展途径：2018

年开展了沈家本故居、郭守敬纪念馆社会化运营的探索工作，效果良好；2019年初，《北京市西城区关于促进文物建筑合理利用和开放管理的若干意见》发布，鼓励和引导社会力量参与文物建筑保护利用项目的修缮和管理运营。

"十三五"期间，西城区有52个文物腾退保护项目，分散在不同的胡同中，需要探索新的活化利用方式。西城区正在进行文物保护社会化利用的试点，通过政府购买、业务委托等多种形式来探索促进文物的修缮后利用。相比于政府直接运营，拥有丰富文博展陈设计、运营管理经验的机构更能激发文物利用的活力。

广福观位于北京著名的历史文化街区什刹海，自明代建成，历经道观、民居、文物保护单位等多重身份变化。如今，北京市西城区将运营权交给了一家民营文化研究机构。引入社会力量参与运营，是北京市近年来在推进文物保护利用工作中的创新。

距离广福观不远的郭守敬纪念馆也是一家文物保护单位。西城区政府委托某文化公司承担纪念馆的运营业务，在保障公共文化服务的基础上，允许其开展文创产品开发等业务。如今，社会化运营的纪念馆不仅拥有精美的文物展陈，还根据市民的文化需求举办了多场导览、特展、讲座等活动。郭守敬纪念馆执行馆长张鹏介绍，纪念馆在近半年内吸引了7万多名游客。而此前，纪念馆的年均游客量只有2万多。

大栅栏有近700年历史积淀，是北京规模最大及保留最为完整的历史城区之一。2010年，在政府支持下，由北京大栅栏投资有限责任公司担任实施主体的大栅栏更新计划正式启动。2011年起，实施主体与北京国际设计周（以下简称"设计周"）展开合作，于每年固定时间陆续实施多项策划和活动以推动大栅栏的更新，合作持续至今。大栅栏是设计周最主要的展区，命名为"大栅栏设计社区"。该展区的核心主题始终围绕更新计划来设定。大栅栏计划开展九年来，结合政府行为和市场需求，成为当下社会发展的缩影：在平衡本地居民和外来商业等各方利益的同时，协调解决经济快速发展与历史保护之间的矛盾，由单纯遗迹保护转为文化有机再生。其首个跨界平台，保证政府与市场承担其各自职能并将不同利益主体关联，各自履行功能参与计划，形成跨规划、建筑、设计、历史等多领域的融合发展，在国内乃至国际上具有一定的品牌影响力。综上，大栅栏街区的保护更新与复兴成为国内历史城区规划治理的试点，成为北京建设文化之都的标志性符号。对北京打造国际历史名城、现代化文化中心有着非凡意义，更对国内各历史城区、城市更新起到标杆作用。大栅栏计划由试点尝试向实践共建转变，使得更多老城区尝试和探索"居民自愿""跨界共赢""社会资源整合与社区共建""当代文化、空间、经济互动"等一系列实施方针，促进老城区有机可持续发展。

北京文物建筑活化利用的委托运营模式针对大量腾退出的文物古迹，特别是散布在城市各处的"小微"古迹，通过政府购买服务、业务委托等方式，引入拥有丰富文博展陈设计、运营管理经验的社会力量参与文物的修缮和管理运营。这一模式不仅有效减轻了政府的财政负担，还大大提高了文物的展示利用效果。通过专业机构的运营，文物建筑得以焕发新的生机。这不仅实现了有效保护，还通过举办各类文化活动，吸引了大量游客，提升了文物的知名度和影响力。同时，该模式还注重文化的传承与创新，以及居民的参与和社区的共建，开创了政府、市场、居民等多方共赢的局面。

三、北京文物建筑活化利用的公开投标模式

文物保护工作是传承文化基因、增强文化自信的重要工作。北京拥有丰富的历史文化资源，一直在进行历史文化遗产保护工作的探索。文物的活化利用既是重要的时代课题，也是全社会广泛关注的热点。

北京文物建筑活化利用的公开投标模式，是一种旨在促进文物建筑保护与合理利用的透明化、市场化运作机制。该模式通过公开发布文物建筑活化利用项目信息，吸引具备相应资质、经验和创意的社会力量参与投标竞争。在投标过程中，各竞标方需根据文物建筑的历史价值、文化特色及保护要求，提交详细的活化利用方案，包括修缮计划、功能定位、运营策略及预期效益等。经过专家评审团的严格评审，最终选定最优方案作为实施依据，确保文物建筑在得到妥善保护的同时，实现其文化价值和社会效益的最大化。这一模式不仅提高了文物建筑活化利用的决策科学性和项目成功率，还促进了文化资源的优化配置和社会资本的积极参与，为北京文物建筑的保护与传承注入了新的活力。

2021年4月14日，北京市6处文物建筑活化利用项目招

标结果落地。此次签约的 6 处文物建筑活化利用项目均来自北京市西城区。2020 年 1 月，文物活化利用计划发布后，共有国有企业、混合所有制企业、民营企业、社会组织、区属企业等 34 家机构提交了 53 个项目申请报告。经专家最终评审，共有 6 个文物建筑确定了利用单位及利用方向，1 处文物建筑因利用方案未能通过专家评审而流标。

此次首批西城区文物活化利用项目的正式落地是西城区在文物保护利用工作模式上的一次创新实践，是满足持续推动北京疏解整治促提升的需要。保护好文物要借助多方资源，注重多元化参与，不仅要依靠政府引导，更要鼓励社会组织和机构的参与，形成合力。

文物建筑活化利用项目招标，一方面能够减轻政府的财政负担，提高文物保护和利用的效率；另一方面能够引入专业的运营机构和管理团队，提升文物建筑的展示利用效果和文化内涵；同时，还能够促进文化的传承与创新，推动历史城区的有机再生。签约的 6 处文物建筑活化利用方案为：歙县会馆用于建设中英金融与文化交流中心；晋江会馆用于建设林海音文学展示中心；梨园公会用于建设京剧艺术交流传播及孵化中心；西单饭店旧址用于建设多功能复合型文化艺术空间；聚顺和栈南货老店用于建设糖果主题阅读 + 糖果体验空间；新市区泰安里用于建设泰安里文化艺术中心。

西城区通过公开透明的招投标方式，促进文物建筑活化利用，体现了政府文物保护工作理念从"闭门保文物"向"开门用文物"的转变，强调了文物利用的公益性和可持续性，注重文物活化利用的效果监管。要加强对文物建筑合理利用的绩效评估体系研究和监督管理，将文物建筑保护效果作为重要考量标准，将人民群众的满意度作为效果评价的重要依据，使文物利用工作更加扎实有效。

随着北京市文物保护和利用工作的不断深入，文物建筑活化利用项目招标将继续发挥重要作用。北京市人民政府将进一步完善招标机制和流程，加强监管和评估工作，确保文物建筑活化利用项目的顺利实施和有效运行。同时，北京市人民政府还将积极引入更多专业的社会机构和管理团队参与文物建筑的修缮、管理和运营工作，推动文物建筑的活化利用向更高水平发展。

第六章　北京文物建筑活化利用中的困难及法治路径

首都文化涵盖源远流长的古都文化、丰富厚重的红色文化、特色鲜明的京味文化和蓬勃兴起的创新文化。这些文化都是以历史文化名城为时空载体，而加强历史文化名城保护是推进首都文化繁荣发展的必然要求和重要手段。北京历史文化名城保护不断开拓新视野和新思路，取得了显著的成绩，但仍然面临相当的困难和挑战，名城保护现实尚不尽如人意，真正落到实处的保护利用仍需加强。

第一节　北京文物建筑活化利用面临的主要困难

北京文物建筑活化利用面临的主要困难在于实现保护与发展之间的平衡。一方面，历史建筑保护行为界定不清晰、保护管控底线不明确、审批流程不完善，导致实际操作中面临诸多挑战；另一方面，文物建筑腾退难度大，产权关系复杂，加之公众对文物建筑保护利用的理解和支持度有限，使得活化利用进程受阻。此外，文化遗产数字化利用率低和开发品质不高，也制约了文物建筑活化利用的深度和广度。因此，北京在文物建筑活化利用上需要更加精细化的管理和规划，同时加强公众教育和参与，提升文化遗产的吸引力和市场价值。

一、文物依法保护能力和保护水平有待提升

国家发展文物保护事业，贯彻落实保护第一、加强管理、有效利用、让文物活起来的工作要求给予了文物利用应有的法律地位。新修订的《文物保护法》在第三十五条增加了"依托历史文化街区、村镇进行旅游等开发建设活动的，应当严格落实相关保护规划和保护措施，控制大规模搬迁，防止过度开发，加强整体保护和活态传承。"第三十七条增加了："文物保护单位应当尽可能向社会开放。文物保护单位向社会开放，应当合理确定开放时间和游客承载量，并向社会公布，积极为游客提供必要的便利。""为保护不可移动文物建立的博物馆、纪念馆、文物保管所、考古遗址公园等单位，应当加强对不可移动文物价值的挖掘阐释，开展有针对性的宣传讲解。"的规定。这些新的规定应当如何贯彻落实，尚待相关行政管理部门出台实施细则。尽管北京市已经出台了一系列关于文物保护的法律法规，但在实际操作中，仍存在一些空白和模糊地带。特别是对于文物建筑的活化利用，如何在保护与发展的平衡中找到合适的法律依据，是当前面临的一大挑战。

文物保护相关责任规定明确，但落实不到位，执法不严、监管不力、部门间协同不顺的情况时有发生。一些在文物保护

范围内进行私搭乱建等危害文物安全的违法行为，未得到及时有效的调查处理。文物保护力量不足，保护专业化水平、科学化程度不高。文物建筑的保护涉及多个部门，包括文物、规划、建设、城管等。然而，在实际操作中，部门间协同机制不畅，导致出现信息沟通不畅、责任落实不到位等问题，影响了依法保护的效果。

文物建筑保护是一项专业性极强的工作，需要专业的技术和人才支持。然而，当前文物保护力量不足，保护专业化水平不高，难以满足文物建筑活化利用的需求。这表现在文物保护修缮技术落后、专业人才短缺等方面。因此，需要加强文物保护专业人才培养，引进先进保护技术，提高文物保护专业化水平。

特别是北京历史文化核心区作为承载着丰富历史文化遗产的区域，其文物建筑活化利用面临着多重问题。在文物建筑活化利用过程中，如何平衡保护与发展的矛盾是一个关键问题。一方面，文物建筑需要得到妥善保护，以延续其历史价值和文化特色；另一方面，文物建筑也需要通过活化利用实现其经济社会价值。这一矛盾具体体现为三点。一是文化遗产保护与旅游活化利用之间存在矛盾，过度的旅游活动可能对文物本体造成损害，同时也可能影响当地居民的生活与工作。二是首都功能核心区"静下来"与中轴线旅游发展"热起来"之间的平衡问题也亟待解决，需要在保护核心区静态环境与促进中轴线旅游活化利用之间找到科学的平衡点。三是文物建筑腾退难度大、产权关系复杂、公众保护意识不足等问题也制约了活化利用的进程。

二、文物保护管理体制和社会参与机制不健全

文物建筑保护涉及多个部门和单位的协作，但当前管理体制和社会参与机制不健全，导致部门间协同不顺，社会力量难以有效参与。这表现在文物保护责任不明确、保护资金筹集渠道单一、公众参与机制不完善等方面。因此，需要完善文物保护管理体制和社会参与机制，明确各部门职责分工，拓宽资金筹集渠道，建立公众参与机制，形成全社会共同保护文物建筑的良好氛围。

北京文物建筑往往分属不同层级、不同系统，管理权属复杂多样。这种多头管理的现状导致责任不清，各部门之间缺乏有效的沟通与协调，使得文物建筑在保护利用过程中难以形成统一的管理合力。尽管有文物保护规划作为指导，由于腾退保护和保护性修缮的进度制约，在实际操作中，规划与实施容易出现脱节现象。规划的科学性和可操作性有待增强，实施过程中缺乏有效的监管和评估机制，导致规划目标难以实现。

此外，社会力量参与文物保护利用的渠道相对有限，缺乏有效的参与平台和机制。这限制了社会资金、技术和人才等资源的有效投入，影响了文物建筑活化利用的效果。社会参与文物保护利用缺乏明确的法律保障和政策支持。虽然国家和地方政府鼓励社会力量参与文物保护利用，但在实际操作中，相关激励和保障制度的缺失使得社会参与的积极性难以充分调动。部分公众对文物建筑的价值和保护的重要性认识不足，缺乏参

与文物保护利用的积极性。同时，社会组织和企业在参与文物保护利用过程中也存在一定的盲目性和无序性，难以形成有效的保护合力。

三、重点文物腾退和环境治理需要加强

北京文物建筑活化利用中，重点文物腾退和环境治理的加强不仅是文化遗产保护工作的内在要求，也是推动城市文化可持续发展、构建和谐社会的重要一环。文物建筑作为城市历史和文化的直观体现，承载着丰富的历史信息和文化内涵，是连接过去与未来的桥梁，是民族记忆和文化认同的重要基石。因此，其活化利用不仅关乎文化遗产本身的保护与传承，更深刻地影响着城市文化生态的构建、居民文化生活的丰富以及城市整体形象的塑造。

然而，在现实操作中，部分重点文物建筑由于历史原因或管理不善，长期被不合理占用，导致文物本体受损，历史文化价值被掩盖，无法充分发挥其应有的社会教育、文化旅游等功能。同时，文物建筑周边环境的恶化，如乱搭乱建、环境污染等问题，不仅影响了文物建筑的整体风貌，也降低了其吸引力和影响力，阻碍了活化利用的进程。

因此，加强重点文物的腾退工作显得尤为重要。这需要政府、社会、公众等多方面的共同努力，通过制定科学合理的政策、完善法律法规体系、加大执法力度等措施，确保文物建筑能够顺利回归其应有的保护状态。同时，腾退工作应注重与文物建筑活化利用的有机结合，避免简单的"一退了之"，而应

在保护的基础上，合理规划和利用文物建筑，使其成为城市文化生活的重要组成部分。

与此同时，环境治理也是不可被忽视的一环。文物建筑周边环境的优劣直接影响着文物建筑的整体形象和活化利用的效果。因此，应加强对文物建筑周边环境的整治和改善工作，通过科学规划、严格监管和公众参与等方式，提升文物建筑周边环境的品质，为文物建筑的活化利用创造良好的外部条件。

四、文物价值挖掘和活化利用不充分

当前，北京历史文化名城保护的工作重点是文物古建的腾退和修缮维护工作，而名城历史文化资源的传承利用程度不高。文物价值挖掘与活化利用不充分的问题已成为制约北京历史文化名城保护工作发挥更大作用的主要瓶颈。北京历史文化名城的文化传承仍需深入，历史文化资源的社会经济效益有待进一步发挥。

部分文物保护单位存在重"物"不重"文"、重"有形"轻"无形"的问题，展陈形式单一，科技手段不多，没有充分挖掘和传播文物的历史信息、国家记忆、文化内涵。让文物"活起来"的办法不多，缺乏合理活化利用的制度安排，缺乏与其他业态融合发展的政策引导，导致文物资源促进经济社会发展的作用发挥不充分。

文物建筑不仅仅是物质的遗存，更是历史的见证、艺术的瑰宝和科学的宝藏。它们蕴含着丰富的历史文化信息，反映了不同时代的社会风貌、审美观念和建筑技艺。然而，在当前的活化利用过程中，往往只注重文物建筑的外在形态和表面展示，而忽视了对其深层次历史、艺术、科学等多元价值的深入挖掘。这种浅尝辄止的做法，不仅无法充分展现文物建筑的独特魅力，也难以满足公众对深度文化体验的需求。

此外，缺乏有效的活化策略和手段也是导致文物价值挖掘不充分的重要原因。在活化利用过程中，应充分考虑文物建筑的特点和保护要求，结合现代社会的需求和审美趋势，进行科学合理的规划和设计。然而，现实中却常常出现盲目跟风、照搬照抄的现象，导致文物建筑在活化利用中失去了原有的特色和韵味，甚至造成了不可逆的损害。

文物价值挖掘与活化利用不充分的问题，不仅限制了文物建筑在现代社会中的角色和功能，也影响了其作为文化传承和教育载体的作用。文物建筑是连接过去与未来的桥梁，是民族记忆和文化认同的重要基石。深入挖掘其背后的文化内涵和时代精神，可以让公众更好地了解历史、感受文化、增强文化自信。然而，由于活化利用不充分，许多文物建筑被束之高阁或沦为商业开发的附庸，失去了应有的教育意义和社会价值。

第二节　北京文物建筑活化利用的法治路径

文物活化利用是文物保护的有效途径，一方面要通过文物腾退来实现文物活化利用，另一方面要通过规范文物活化利用来避免文物不合理的使用。要实现上述目标需要采取针对性的立法措施，保障《规划》实施的法治化。

文物的活化利用是文化遗产保护领域的新理念，目前北京老城保护与复兴在这方面进行了有益的尝试。同时也应注意到，文物活化利用可能出现不合理使用的风险。基于北京文化遗产活化情况，需要分别研究文物用于展览展示、参观游览、文化交流、公共服务、文化体验服务、非遗传承和公益性办公等用途的典型做法及所面临的法律问题，探讨对文物活化利用中引进的社会力量如何授权，如何保障合理使用的公平、公正、公开问题。一方面文物保护单位要充分行使行政管理职权，另一方面要探索通过民事协议的方式规范使用人的行为。同时探讨文物作为有形资产和无形资产的估值、保值、增值，以及在文化创意产业和旅游产业中对文化遗产进行创新发展的问题。[1]

一、坚持文物先保护后利用原则

明确合理利用、有序开放，遵循"不求所有，但求所保，向社会开放"的原则，不断强化文物合理利用和有序开放，让名城文物"活"起来。在活化利用的过程中，必须充分尊重文物建筑的历史原貌和文化特色，通过科学的方法和手段，对其进行有效的保护。

全面保护名城内各级文物及其周边环境，建立首都文物安全长效机制，为名城保护筑牢扎实基础。鼓励和支持历史建筑等保护对象的合理利用和有序开放。主管部门根据历史文化保

---

〔1〕参见李倩茹：《依法保护北京老城"金名片"》，载《前线》2020年第8期，第72—74页。

护传承的需求，制定保护利用正面或者负面清单，明确鼓励、支持或者限制、禁止的活动，以及对文物建筑进行定期维护、修缮，对其周边环境进行整治和改善，以确保文物建筑不受自然侵蚀和人为破坏的影响，保持其原有的风貌和价值。

保护是前提，利用则是目的。在充分保护的基础上，才能合理、适度地利用文物建筑，让其历史价值和文化内涵得到传承和发扬。这既包括对文物建筑内部空间的合理利用，如设置展览、开展文化活动等，也包括对其外部环境的规划与设计，如打造文化旅游线路、建设文化休闲设施等。通过这些措施，我们不仅可以让更多的人了解和认识文物建筑，感受其独特的魅力，还可以为城市的文化建设和社会发展注入新的活力。

当然，坚持"先保护后利用"的原则，并不意味着要完全禁止对文物建筑的利用，应该在保护的基础上，积极探索文物建筑活化利用的新模式和新路径，让其在现代社会中焕发出新的生机与活力。进一步优化调整建设项目的审批职能，做好历史文化街区等保护范围内新建、改建、扩建和拆除既有建筑或者改变既有建筑的外立面、屋顶或者结构的核发规划许可工作。优化工业遗产等历史建筑使用的专门举措，鼓励历史建筑结合自身特点和周边区域的定位，引入图书馆、博物馆、非遗展示中心等文化和服务功能；名镇名村根据规划要求发展特色产业和开展适度经营；加强对传统节日、特色民俗、传统工艺、方言的研究记录，对具有历史价值的老字号、老物件、老手艺、老剧目的保护利用；鼓励结合重大历史事件等，依托革命史迹开展纪念活动，弘扬爱国主义和革命传统精神；鼓励历史名园采取多种方式开放，使历史名园贴近市民生活。这既是对文物建筑的尊重和保护，也是对其历史价值和文化内涵的传承和发扬。

二、鼓励文物利用多元化管理机制

鼓励实施文物利用多元化管理机制，成为提升文物建筑活化利用效能的关键所在。即在确保文物安全、不违背文物保护法律法规的基础上，积极寻求文物建筑保护与利用的新模式，通过引入多元化的管理主体和使用方式，为文物建筑注入新的活力。

具体而言，鼓励文物利用多元化管理机制，首先要打破传统单一的管理框架，允许并鼓励政府、社会团体、企业及个人等多方力量参与到文物建筑的保护与利用中来。政府作为主导者，应制定明确的政策导向和激励机制，为文物建筑的活化利用提供政策支持和资金保障；社会团体和企业则可以发挥其专业优势和市场运作能力，为文物建筑的保护与利用提供技术支撑和资金注入；而个人则可以通过志愿服务、提供文化创意等方式，参与到文物建筑的日常管理和文化活动中来，形成全社会共同参与的良好氛围。

其次，多元化管理机制还应注重根据文物建筑的特点和实际需求，灵活调整利用策略。不同的文物建筑具有不同的历史背景、文化价值和保护要求，因此在活化利用过程中，应充分考虑其独特性，避免盲目跟风和"一刀切"的做法。通过科学规划、合理布局和精心设计，将文物建筑的保护与利用有机结合起来，既保持其历史风貌和文化内涵，又赋予其新的时代功能和社会价值。

再次，为避免文物的不合理使用，需要建立申请、审核、准入、指导、监督、退出的文物活化利用管理机制；发挥社区管理和物业管理的作用，对文物活化的情况进行实时监督，依据文物具体使用情况，确定评估标准，对不合理使用的使用人建立退出机制；对于具有经营性质的使用人，要规范对文物有形资产与无形资产的合理使用。条件成熟时，可以建立文物使用评级制度，对不合理使用情况严重的，探索使用民事诉讼或公益诉讼的方式进行腾退。

最后，鼓励文物利用多元化管理机制，还需要加强监管和评估工作。在多元化管理的过程中，应建立健全的监管体系，确保各方力量的行为符合文物保护的法律法规和规划要求。同时，还应定期对文物建筑的活化利用效果进行评估和总结，及时发现问题和不足，为后续的改进和优化提供科学依据。

三、利用文物腾退空间改善民生

随着北京城市更新进程的加快和文物保护力度的加大，一些原本被不合理占用的文物建筑逐渐腾退，为文物建筑的活化利用提供了宝贵的空间和机遇。北京老城保护与复兴是文物保护工作的重要内容，同时也是城市规划、城市管理、环境整治、改善人居环境的一部分，涉及北京非首都功能疏解、棚户区改造、历史文化街区保护等方面的工作。建筑类文物的使用现状是在特定的历史背景下形成的，具有历史的"合理性"。

部分文物特别是作为民居的文物，在使用过程中，使用者与文物形成相互依存的共生关系，居民的日常生活成为历史街区重要的文化内容。在北京城市规划调整和推进历史文化名城保护的过程中，对文物的使用现状应当予以认可和尊重，对实际使用人要予以人文关怀。[1]

文物建筑、历史街区不仅是历史文化遗产，更是老城居民社区的有机组成部分，既承载着老城的历史文化底蕴，还寄托着老北京人的乡愁记忆。老城保护与复兴不仅仅是文物保护部门的工作，也不仅仅是规划建设部门的工作，对于使用人特别是居民来说，是事关民生的重大问题，关系到切身利益。因此，在老城的保护与复兴中，要重视人民群众的作用，把文物保护工作作为社区治理工作的一部分，充分发挥人民群众的作用。[2] 要将文物建筑的保护与传承和市民的生活需求相结合，通过科学规划和精心设计，积极利用疏解空间，对接百姓需求，打造服务于周边社区和百姓的便民服务空间，主要包括养老社区生活服务网点、停车设施、养老医疗和公共空间等;[3] 可以将腾退空间转化为公共文化服务设施、社区活动场所、绿地公园等，为市民提供更加丰富多样的文化活动和休闲空间。这样的转化不仅能够满足市民对高品质文化生活的追求，还能

---

[1] 李倩茹:《依法保护北京老城"金名片"》，载《前线》2020年第8期，第72—74页。

[2] 李倩茹:《依法保护北京老城"金名片"》，载《前线》2020年第8期，第72—74页。

[3] 参见张晓敏、贾硕:《北京核心区腾退空间再利用的思考》，载《投资北京》2019年第4期，第92—95页。

够提升城市的文化品质和生活环境，增强市民的文化认同感和归属感。

在利用文物腾退空间改善民生的过程中，需要注重保护文物建筑的历史风貌和文化内涵。文物建筑是历史的见证，是文化的瑰宝，它们的存在为城市增添了独特的韵味和文化底蕴。因此，在活化利用腾退空间时，应充分尊重文物建筑的历史原貌，避免对其造成破坏或改变其原有的风貌。同时，还应通过科学的方法和手段，对文物建筑进行必要的修缮和维护，确保其安全性和完整性。

工作中要改进文物保护和历史街区保护以文物保护管理部门为主导的执法模式，通过指导、支持和帮助居民委员会开展居民自我管理、自我教育、自我服务、自我监督的自治活动，充分发动群众，关注文物保护，形成实时联动机制，及时发现不合理使用文物的情况，实现实时监督；通过社区议事厅等形式，组织社区单位和居民等对涉及切身利益、关系社区发展的文物建筑、历史街区的保护利用事务进行沟通和协商，通过社区治理实现文物活化利用；建立以社区、街道为补充的文物保护执法模式。依托社区治理，一方面使文物承载的文化能够融入所在社会环境，并获得相应支持；另一方面能够及时发现并制止对文物的不合理使用行为。

四、促进核心区产业结构转型升级

在北京文物建筑活化利用的进程中，促进核心区产业结构的转型升级成为一项重要策略。腾退空间作为北京为更好实现历史文化名城保护而腾出的城市闲置区域，不同于传统的"萧条区"或"锈区"，蕴含着强大的开发潜力。这些腾退空间在核心区内广泛分布，涵盖了产业、教育、文物、居住区等多个方面，为产业结构的调整与优化提供了宝贵机遇。

特别是核心区的平房区，由于聚集了大量初级服务业等低端业态，成为产业升级的重点区域。在相关产业疏解腾退后，北京积极采取措施，通过改造旧工业厂房、升级传统商业设施、推动有形市场腾退转型，以及引导产业项目向"高精尖"方向发展，实现了产业结构的优化与提升。例如，东城区借助非首都功能疏解的契机，在推动旧有工业空间有序腾退的同时，成功打造了青龙胡同文创街区，并利用腾退的老厂房建设了文创园区，为核心区产业结构的转型升级树立了典范。[1] 这一系列举措不仅促进了文物建筑的活化利用，还为北京核心区的经济社会发展注入了新的活力。

在文物建筑活化利用的过程中，政府应发挥积极的引导作用，通过制定相关政策、提供资金支持等方式，鼓励市场主体广泛参与。同时，还应注重保护文物建筑的历史风貌和文化内涵，避免在活化利用过程中对其造成破坏。通过科学合理的规划和设计，将文物建筑转化为文化创意、旅游休闲等现代服务业的发展资源，不仅可以提升核心区的文化软实力和品牌影响力，还能为区域经济发展注入新的活力。

以西城区为例，该区作为首都功能核心区，拥有丰富的文

---

[1] 参见张晓敏、贾硕：《北京核心区腾退空间再利用的思考》，载《投资北京》2019年第4期，第92—95页。

物建筑资源。近年来，西城区通过文物建筑的活化利用，成功引入了文化创意、文化旅游等新兴业态，推动了区域经济的绿色发展和高质量发展。这些新兴业态的引入，不仅为西城区带来了新的经济增长点，还提升了区域的文化品位和优化了生态环境，为市民提供了更加丰富多彩的文化生活和旅游体验。

文物建筑的活化利用还可以促进传统产业结构的优化升级。通过引入现代科技手段和创新理念，将传统产业与文物建筑的文化内涵相结合，可以推动传统产业的转型升级和创新发展。例如，可以将传统手工艺品与文物建筑的文化元素相结合，开发出具有独特文化特色的旅游产品，既传承传统文化，又推动产业的发展。

第七章　北京文物建筑腾退保护与活化利用法治保障的完善建议

　　作为中华文明的重要见证，北京老城承载着深厚的历史、文化与社会价值，不仅是北京建设世界文化名城和全国文化中心的基石，也深刻体现了首都的形象与国家精神。新时代，中国在国际舞台上扮演着愈加重要的角色，这要求北京必须加强其作为国家首都的形象建设。在此背景下，为深入贯彻北京历史文化名城保护工作，擦亮这座城市的历史文化金名片，建立健全的法治保障体系显得尤为关键。通过法律手段确保文物腾退工作的顺利进行，同时促进文物的活化利用，使历史文化遗产在得到妥善保护的同时，能够融入现代社会，发挥新的文化价值与社会功能，从而为北京乃至国家的文化繁荣与发展提供坚实的法律支撑。

第一节　北京文物建筑腾退保护与活化利用的法治保障目标

　　北京文物建筑腾退保护与活化利用的法治保障目标在于通

过立法手段，确保对不符合历史文化名城保护规划的建筑依法进行腾退和改造，以维护不可移动文物、历史建筑的安全，保护老城、历史文化街区及传统村落的历史格局、街巷肌理、传统风貌和空间环境。北京文物建筑腾退旨在通过明确责任主体、规范腾退程序、提供多种腾退方式（如申请式退租、房屋置换、房屋征收等），以及加强对优秀近现代建筑、工业遗产等保护对象的认定与保护，实现北京历史文化名城保护工作的科学化、规范化和法治化。法治保障不仅能够有效遏制破坏历史文化遗产的行为，还能够促进文物建筑的合理利用，传承和弘扬北京丰富的历史文化资源。

一、老城的整体保护与文化展示

北京老城的保护工作不仅局限于若干高级别的保护建筑，更要维护北京核心区的城市肌理、历史文化街区以及独特的历史文化遗产。这种保护方式强调整体性和系统性，旨在确保老城的历史风貌和文化特色得到完整传承。为了实现这一目标，腾退文物建筑成为一项重要举措。这些腾退工作以院落为单位，采取点状腾退的形式，逐步恢复老城历史文化街区的原有肌理和格局。通过这种方式，老城的特色文化得以凸显，并为公众提供了更为完整、真实的北京历史文化街区空间体验。

二、保护文物建筑及其承载的价值

在北京文物腾退保护与活化利用的宏伟蓝图中，保护文物建筑及其所承载的多元价值占据了举足轻重的地位。文物建筑作为不可多得的文化遗产，不仅蕴含着深厚的历史底蕴，还展现了卓越的艺术成就、繁复的社会结构和独特的文化意蕴。它们不仅是建筑艺术的瑰宝，更是文化传承与弘扬的重要媒介。然而，长期以来，由于种种原因，这些珍贵的文物建筑被占用，无法充分展现其应有的文化价值和社会功能。因此，北京通过实施文物腾退工作，旨在恢复文物建筑的本来面貌，使其得以向广大游客和公众开放。通过精心策划的展览、讲解和互动体验，文物建筑得以讲述其中深藏的历史故事，促进不同文化之间的交流与传播，进而激活历史文化的内在活力，让文物建筑在新时代焕发出新的光彩。

三、改善直管老城历史片区居民的居住条件

在北京文物建筑腾退保护与活化利用的综合策略中，改善直管老城历史片区居民的居住条件是一项核心目标。老城历史片区作为北京历史文化的核心载体，不仅蕴含着丰富的文物资源，也是大量居民日常生活的空间。然而，随着时代的变迁，这些区域往往面临着基础设施落后、居住环境拥挤等问题，严重影响了居民的生活质量。因此，在推进文物腾退保护与活化利用的过程中，北京注重将改善居民居住条件作为重要任务，通过实施一系列措施，如房屋修缮、设施更新、环境整治等，来提升老城历史片区的居住品质。同时，结合文物活化利用，引入文化创意产业、旅游服务等，为居民提供更多的就业机会和收入来源，从而实现文物保护与居民福祉的双赢。这一系列举措旨在让老城历史片区的居民在享受现代化生活便利的同

时，也能更好地传承和弘扬北京的历史文化。

四、使腾退后的文物建筑发挥公益属性

文物建筑的利用必须以确保其完整性和安全性为前提。在此基础上，应更多地考虑发挥文物建筑服务社会、惠及百姓的公益属性。这种利用方式不仅有助于彰显文物建筑的价值，还能让更多人享受到文化遗产带来的益处。通过将文物建筑开放给公众使用，如设立博物馆、图书馆、文化活动中心等，可以丰富群众的文化生活，提升城市的文化品位，同时也有助于增强公众的文物保护意识和参与度。

第二节　北京文物建筑腾退保护与活化利用法治保障的完善建议

一、完善北京文物保护利用的制度建设

完善北京文物保护利用的制度建设是确保北京作为历史文化名城得以永续传承与发展的重要基石。建立健全的文物保护利用制度，可以明确各方责任与权益，规范文物保护行为，防止文物资源遭到破坏或滥用。科学的制度建设还能为文物的活化利用提供有力支撑，促进文物与现代社会的有机融合，让文物在保护中得到合理利用，在利用中得到更好保护，从而实现文物保护与经济社会发展的双赢。完善的制度建设还能提升公众对文物保护的认知与参与度，形成良好的社会氛围，共同守护好北京这份宝贵的历史文化遗产。

(一) 建立健全工作机制

在完善北京文物保护利用的制度建设过程中，建立健全高效协同的工作机制是核心环节。这一机制应秉持党委领导、政府统筹的基本原则，明确各级单位作为实施主体，鼓励公众的广泛参与，并接受社会的全面监督，以形成名城保护工作的强大合力。具体而言，要强化北京历史文化名城保护委员会的职能，使其不仅负责名城保护工作的宏观规划、整体协调与推进，还承担督促落实的重任。将名城保护委员会纳入首都规划建设委员会的工作体系，可以进一步优化其职能配置，增强工作效能。同时，东城区、西城区、海淀区等重点区域也应加强历史文化名城保护机构的建设，特别是针对老城和三山五园等重点保护区域，要强化统筹协调与组织实施工作，确保各项保护措施得到有效落实，从而在制度层面为北京文物保护利用提供坚实的保障。

(二) 构建保护利用规划体系

在完善北京文物保护利用的制度建设进程中，构建一套系统而全面的文物建筑保护利用规划体系显得尤为重要。需要确立保护责任人与保护名录制度，确保每一处文物建筑都能得到明确的责任主体与法律地位的认定。科学划定核心保护范围、建设控制地带、成片传统平房区及特色地区等不同类型的保护区域，并实施差异化的分类管控策略，可以更为精准地保护历史格局、街巷肌理与传统风貌。对于那些破坏保护规划要求的建筑物，应依法进行腾退或改造，以恢复文物建筑及其周边环境的原貌。

规划体系还需明确名城保护的各层级规划编制要求，细化相关部门在规划综合实施方案、修缮技术标准等方面的具体操作指南，增强其针对性和可操作性。特别是在保护名录制度的实施上，应严格遵循专家论证、社会公示、政府批准等程序，确保保护名录的权威性与公信力。同时，结合当前革命文物保护的新要求，应持续推进相关保护修缮工作与保护规划编制，将历史文化名城的保护要求深度融入国土空间规划中，为文物建筑的保护利用提供长远的战略指引与制度保障。

（三）完善配套政策管理

制定历史文化街区和历史建筑保护管理办法，进一步优化调整建设项目的审批职能，做好历史文化街区等保护范围内新建、改建、扩建和拆除既有建筑或者改变既有建筑的外立面、屋顶或者结构的核发规划许可工作。结合城市更新的有关政策，为老城的街区更新摸索一条适合老城特色的实施路径。全力配合中轴线申遗工作，积极落实有关工作要求。

在相关的立法工作中，需要针对北京老城的保护与复兴，围绕老城深厚的历史渊源和丰富的文化遗产，系统推进老城文化内涵研究，保护好北京城市文化符号的工作目标，有针对性地订立适合北京市特点的法规。特别要从历史建筑保护、监督执法以及街区治理等老城保护的日常工作出发，完善具备实践基础的法律制度。基于北京市目前文物保护工作的情况，需要把文物腾退作为文物的必要保护措施加以明确规定。《北京城市总体规划（2016年—2035年）》提出要完善文物保护与周边环境管控的法规和机制；严格执行保护要求，严禁拆除各级各类不可移动文物；结合功能疏解，开展重点文物的腾退。该规划的落实，一方面需要相关行政部门的积极推进，另一方面也需要有相应的法律法规进行明确规范。

目前，北京市对文物建筑的保护修缮制定了标准，也规定了主管部门，但是对于文物腾退尚无明确的法律依据。需要在现有法律法规的基础上，进一步明确文物腾退标准，实现精准立法，界定何种情况下需要采取腾退的方式进行保护，明确配合腾退是不可移动文物的所有人、管理人、使用人的义务。条件成熟时，可以建立文物使用评级制度，对不合理使用情况严重的，探索建立文物使用退出机制。如此，不仅可以解决用于民居的文物腾退问题，也可为用于办公的文物腾退问题提供解决依据，还能有效避免对腾退空间活化利用过程中可能出现的不合理使用风险。[1]

二、以老城社区治理促进文物有序腾退

（一）明确保护范围精准管控腾退

实施老城整体保护的首要任务是要保护好老城历史格局，在对点状文物保护单位实施妥善保护的同时，结合高水平城市设计强化两轴统领、四重城郭、六海八水、九坛八庙与棋盘路网，展现秩序井然、清晰可辨的老城历史格局。同时，划定古都风貌保护区、古都风貌协调区和现代风貌控制区三类风貌区，加强对建筑风貌与街巷风貌的整体性塑造与差异化管控，

---

〔1〕 参见李倩茹：《依法保护北京老城"金名片"》，载《前线》2020年第8期，第72—74页。

形成彰显首都风范、尽展古都风韵、古今包容共生的核心区特色风貌。

坚持名城保护的整体性、全覆盖，还要明确北京历史文化名城的范围涵盖本市全部行政区域，做到应保尽保。把老城整体保护作为重中之重，严格落实老城不能再拆的要求，保护老城整体格局，彰显平缓开阔、壮美有序的整体空间秩序。同时加强三山五园地区和大运河文化带、长城文化带、西山永定河文化带三条文化带保护，并明确了包括历史建筑、历史文化名镇、传统胡同、历史街巷等在内的11类具体保护对象。

以精准管控，求保护实效。条例区分了核心保护范围、建设控制地带、成片传统平房区及特色地区等不同区域，实施分类管理。对于破坏历史格局、街巷肌理、传统风貌以及不符合保护规划要求的建筑物，可以依法组织实施腾退或者改造。

(二) 以整体保护机制统筹文物腾退

名城保护是全社会的共同责任，要建立健全党委领导、政府统筹、单位实施、公众参与、社会监督的名城保护工作机制，鼓励全社会通过多种形式，共同参与名城保护。突出老城、三山五园地区两大重点区域，将大运河、长城、西山永定河三条文化带纳入保护体系，明确了历史建筑、传统胡同、革命史迹等11项保护对象。在管理职责上，既明确部门责任分工，又强化名城保护委员会的统筹协调职能。同时，全面实行保护责任人制度，确保责任落实到人、落实到位。

1. 以中轴线保护带动老城整体保护

中轴线是北京老城的灵魂和脊梁。在北京中轴线申遗过程中,太庙、景山、皇史宬等近百处文物开展搬迁腾退、保护修缮、环境整治、展示开放,北海医院和天意商城拆除降层,正阳门至永定门御道景观贯通并连通绿色空间,整体提升了中轴线南段慢行环境。中轴线申遗后还将陆续完成社稷坛、先农坛、贤良祠等重要文物的腾退整治、展示利用,优化遗产周边环境和恢复城市风貌,带动历史街区保护和城市有机更新,多层次推动老城整体保护与复兴。

2. 以三条文化带建设促进文化与生态交融

"十四五"期间,进一步编制北京长城、大运河国家文化公园建设保护规划,坚持文物本体保护和周边环境整治相结合,促进三条文化带整体保护水平全面提升。以革命文物传承北京红色基因,持续推进北大红楼与中国共产党早期北京革命活动旧址等保护修缮工作,核定公布北京地区第一批革命文物名录,推进重点革命文物保护单位保护规划编制工作、革命文物保护修缮五年行动计划、革命文物保护利用片区实施措施。将持续推进整治提升工作,实施大尺度绿化建设,开展补水工程,恢复水系、湖面,局部再现京西稻田景观,提升自然景观品质。

3. 以地下遗存实证北京悠久历史

继续推进周口店、圆明园、琉璃河、金中都等大遗址保护、展示、规划工作,继续配合名城保护开展考古工作。

(三)在社区治理中推进文物腾退保护

无论是物质文化遗产还是非物质文化遗产,都要通过延续城市生活来传承。历史文化名城保护,不能仅仅看成一个外貌风貌的保护，应该上升到历史文化资源的整体保护层面。在这种综合定位下，保护不是指把文物放在博物馆里给人看，而是要发展延续现在的城市生活，改善民生、置换产业、疏解人口。

老城保护工作需要持续推动街区保护更新和背街小巷环境精细化整治提升，实施好生活垃圾管理条例和物业管理条例，完善群众参与治理的机制。改进文物保护和历史街区保护以文物保护管理部门为主导的执法模式，通过指导、支持和帮助居民委员会开展居民自我管理、自我教育、自我服务、自我监督的自治活动，充分发动群众，关注文物保护，形成实时联动机制，及时发现不合理使用文物的情况，实现实时监督；通过社区议事厅等形式，组织社区单位和居民等对涉及切身利益、关系社区发展的文物建筑、历史街区的保护利用事务进行沟通和协商，通过社区治理实现文物活化利用问题；建立以社区、街道为补充的文物保护执法模式。依托社区治理，一方面使文物承载的文化能够融入所在社会环境，并获得相应支持；另一方面能够及时发现并制止对文物的不合理使用行为。[1]

鼓励单位和个人以志愿服务等方式，参与历史文化名城保护工作；鼓励通过多种形式开展名城保护宣传活动，增强社会公众的保护意识；在加强历史文化名城保护的同时，注重改善人居环境；等等。对于不同保护对象，各区政府、街道乡镇和历史建筑的所有权人、使用人等均有保护责任。

---

〔1〕 参见李倩茹:《依法保护北京老城"金名片"》，载《前线》2020年第8期，第72—74页。

三、依法拓宽文物活化利用方法路径

北京市委、市政府高度重视文物保护工作，近些年来市区两级政府和相关基金会投入大量资金用于各级各类文物保护，使文物保护工作取得突出成绩。不少胡同里的文物建筑得到了腾退和修缮保护，而且其中一部分已经开放利用起来，但是还有很多得到腾退和保护的文物建筑尚未开放，没有得到合理的活化利用。

为了落实《中华人民共和国文物保护法》等相关法律法规，中共中央办公厅、国务院办公厅《关于加强文物保护利用改革的若干意见》（中办发〔2018〕54号）、国家文物局《文物建筑开放导则》等相关文件精神，加强文物的活化利用，推动文物建筑开放利用工作，北京市文物局制定了《北京市文物建筑开放利用导则（试行）》（下文简称《导则》），于2023年12月印发。《导则》参考和借鉴了近年来北京市在文物建筑保护和利用方面的成功经验和做法，为全市各区开展文物建筑开放利用工作提供政策集成和技术指导。贯彻落实《导则》是近期北京市文物建筑开放利用工作的重点。

《导则》开拓了社会力量参与文物建筑开放利用的有效路径，引导鼓励社会力量积极参与文物保护利用。《导则》强调文物建筑开放利用坚持社会效益优先原则，在第四部分和第五部分围绕引入社会力量参与文物保护利用而产生的使用主体和区文物行政部门之间的权利义务进行了阐述。引导鼓励社会力量参与文物开放利用对提升保护水平、促进可持续发展和丰富文化生活都至关重要。应加大政策扶持，拓展创新支持途径，为社会力量参与创造良好条件。

（一）加强对文物建筑历史、内涵和价值的挖掘与阐释

按照《导则》列举的文物建筑利用方式，可以发现除博物馆外的大部分文物建筑使用人缺乏文物建筑历史脉络、文化内涵和遗产价值挖掘与阐释的专业能力，难以全面、准确地挖掘和阐释文物建筑的内涵与价值，无法更加充分地发挥文物的社会功能。

文物建筑历史、内涵与价值的挖掘与阐释，需要历史学、考古学、文物学、建筑学、民俗学等多学科的科学研究支持，建议建立相关合作与交流平台，如北京文物建筑保护与开放利用联盟、文物建筑研究论坛、学术交流会议等，定期进行交流，聚集各方面的专家、研究者、实践者和管理者，共同探讨和研究文物建筑的历史、内涵与价值，推动文物建筑价值内涵的挖掘和阐释工作。北京文物建筑保护与开放利用联盟是松散的学术与实践联盟，定期轮流在不同文物建筑现场开会，专题研讨该文物建筑的历史沿革、文化内涵和遗产价值，这有利于聚集专家力量逐一深入进行内涵与价值的挖掘和阐释。

（二）鼓励周边社区居民与文物建筑"互动"

文物建筑和当地居民都是所在历史文化街区的有机组成部分，鼓励周边社区居民与文物建筑"互动"对于增强社区居民对历史文化的认同感、提升文物建筑的活化利用水平、促进社区的文化发展以及推动社区的可持续发展都具有重要的意义。能够与周边社区居民实现良性"互动"的文物建筑，才是

"活"的文物，能够展现北京味儿，展示传统文化魅力。

可以采取多种措施鼓励社区居民与文物建筑"互动"：定期在文物建筑周边举办社区文化活动，让居民亲身参与体验；组织专业导览服务，引导居民深入了解文物建筑的魅力；建立社区与文物建筑管理机构的合作机制，整合资源推动保护工作；加强宣传教育，提升居民的文物保护意识；利用新媒体平台吸引更多关注和参与。这些举措有助于激发居民兴趣，促进文物建筑在社区中的活化利用和文化传承。

(三) 加强基层相关人员培养培训

针对缺乏讲好文物建筑故事基层人才的情况，落实《北京市推进全国文化中心建设中长期规划（2019年—2035年）》提出的"健全基层文化组织员、社区文化讲师队伍，发挥其在文化设施管理、文化活动组织、文艺人才培养和文物保护中的作用"规划要求，培养文化讲师人才，建设基层文化队伍。

通过组织专业的培训和学习活动，提供相关的文物知识、历史背景和保护方法等方面的培训，帮助文物建筑使用机构的每位工作人员都熟悉和掌握所在文物建筑的内涵与价值，加深认知和理解，实现"人人都是保护者、人人都是讲解员"的目标。让文物建筑的历史、内涵与价值不仅展示在说明标识上，还要"活"在每位工作人员的行动上和讲述里，成为内心认同，从而更好地实现文物建筑历史价值的传承与传播。

对周边社区居民进行社区历史和民俗文化培训，组建"城市历史志愿者"队伍，突破对文物建筑本体讲解宣传的局限，讲述在社区中、生活中文物"活"的历史，立体化展示北京历史文化。

（四）关注经营活动主体对营商环境的特殊需求

《导则》支持文物建筑的所有人和使用人开展面向公众的服务类经营性活动。在文物建筑中开展经营性活动，需要承担文物建筑日常保护与维护、场地使用功能受限、专门审批与监管以及承担公众参与教育等特殊责任。

文物建筑经营活动主体需要保持合理的盈利率以维持经营活动的持续性。文物建筑保护利用不仅要"活起来"，更要"活下去""活得好"。要实现这一目标就要培养历史建筑运营的"造血能力"，让使用人在保护利用过程中获得可持续的收益，进而反哺历史建筑的保护、修缮。

因此，需要深化市场化运行，优化营商环境，针对文物建筑经营活动的特点，制定相关政策以助力经营活动。例如，在场地租赁方面，可以提供租金减免、租期延长等优惠政策；在审批程序上，简化流程，缩短审批时限，降低经营主体的时间成本。针对文物建筑经营活动主体资金压力投资周期长的情况，政府可以通过设立专项资金、提供低息或贴息贷款等方式给予支持。

（五）提供文物建筑保护利用协议签订的法律支持

《导则》建议文物建筑所有人与文物建筑使用主体签订保护利用协议，并提供了《社会力量参与文物建筑保护利用协议（参考文本）》（下文简称《协议参考文本》），要求明确双方保护利用要求、各方权利义务和违约责任等内容。

签订文物建筑保护利用协议能够确保法律合规，明确双方在文物建筑保护方面的权责，避免法律风险；可明确权责关系，防止管理混乱，确保文物建筑得到专业保护；可规范双方合作行为，建立稳定的合作关系。

文物建筑保护利用协议不同于普通的民事合同，需要符合文物保护法律法规的规定，并接受文物行政管理部门的监管，具有较强的专业性。由于文物建筑的具体情况各有差异，《导则》提出了签订协议的"一处一策"原则。《协议参考文本》仅对文物保护法规中的强制性规定设计了条款，对双方的权利义务并未列出建议条款。这就对文物保护利用协议的双方当事人的合规管理水平和谈判能力提出了较高的要求，需要专业的法律服务人员协助促成协议的签订。

由于文物建筑保护利用协议具有较强的行业性和专业性，并非所有律师或法律工作者都具备相应的知识背景和专业能力，因此有必要采取建立法律专家库或专家推荐名录的方式，为文物建筑保护利用协议的签订提供支持。同时，加强对文物建筑所有人、使用人的法律培训和合规指导。

（六）探索文物建筑相关知识产权开发使用路径

《导则》提出支持文物建筑使用主体挖掘文物建筑的独特价值，使用文物建筑的形象等开发无形资产和知识产权（IP）孵化运营。相关著作权、专利权等知识产权由文物建筑的所有人与使用主体进行约定。

文物建筑相关知识产权往往具有所有权衍生权利和使用人智力成果的双重属性。一方面，与文物建筑相关的知识产权，如复制权、发行权、展览权等，往往是基于文物建筑所有权而产生的衍生权利。对于具有重要历史、艺术或科学价值的文物建筑，其相关知识产权的行使还需遵守国家关于文物保护的法律法规。另一方面，文物建筑的使用人在研究、保护、修复和利用文物建筑的过程中，往往会投入大量智力劳动和创新性思维。这些智力成果可能包括文物建筑周边的文创作品、文创品牌、设计方案等，具有独创性。

在实践中，文物建筑相关知识产权的双重属性可能产生冲突。例如，所有权人可能希望更广泛地传播文物建筑的信息和资料，而使用人则可能希望对其智力成果进行独家控制或获得经济回报。因此，平衡和协调双重属性之间的关系至关重要。

由于我国文物建筑相关知识产权的研发和运营仍处于探索阶段，建立相应的法律制度和管理机制的时机尚未成熟，但是仍然需要未雨绸缪、提前规划，借鉴参考国外成熟的文物周边开发、运营经验，对相关主体进行引导和建议，合理约定权利义务，避免因权利争议影响文物的保护和历史文化的传播。

四、坚持以使用人居住权益为中心

在北京老城整体保护中，通过历史街区的疏解整治，一批历史建筑得到了保护性腾退和修缮，当地居民的居住环境和公共文化服务均得到了有效的提升。对腾退后历史建筑的合理利用，是建立历史建筑保护利用长效机制的重要途径，其关键在使用人。

按照《中华人民共和国文物保护法》的规定，国有不可移动文物由使用人负责修缮、保养。这一规定与不动产由所有权人负责修缮、保养的一般规则不同，是法律基于对文物的特别保护，对使用人提出的强制性要求，强调了使用人在文物建筑保护中的主体责任。

历史建筑的保护利用是一项日常性、持续性工作，同时也与使用人的切身利益直接相关，关系到不同类型历史建筑使用人的居住质量、运营效益、社会服务效果等。历史建筑的有效保护和合理利用高度依赖于使用人的作用。对腾退后的历史建筑的保护利用，需要突出"使用人中心"导向，形成引导、鼓励发挥使用人积极性、创造性的制度保障，建议对策如下。

（一）引导使用人主动保护

引导、鼓励历史建筑的自主修缮和创新利用，形成使用人主动保护的工作机制。在政府集中腾退的片区，继续引导使用人以申请的方式主动腾退或修缮。在老城核心区非集中整治的片区，通过技术指导、专项补贴、低息贷款、税费减免等方式鼓励使用人或产权人按照古城风貌和历史建筑修缮的相关标准，自主修缮或创新利用方式；对于能够同时实现公共文化服务功能的，予以政策扶持和奖励。

（二）优先关注社区居民文化需求

在具有公共文化服务性质的历史建筑利用中，优先关注所在社区居民的文化需求。历史建筑是所在社区的有机组成部分，具有公共文化服务性质历史建筑的首要服务对象是周边居民。以所在社区居民的文化需求为导向，规划、运营历史建筑，进而有效带动社区居民参与公共文化建设和社区治理。通过社区居民的文化行为，促进历史建筑的活化利用，通过人与历史建筑的互动展现北京味儿，展示传统文化魅力。

（三）鼓励创新活化利用方式

在历史建筑的活化利用中，要尊重使用人的创新精神，鼓励试点，同时注意加强全过程指导、监督。历史建筑使用人作为与历史建筑关系最密切者，特别是老居民、老街坊、老字号等，对历史建筑有着更为深刻的理解。在历史建筑的活化利用中，要充分重视和尊重使用人的创新精神，鼓励他们积极探索让历史建筑活起来的新思路、新做法、新业态。安全是历史建筑利用的首要任务，要在现有法律法规和技术规范的框架内，鼓励使用人充分试点，同时加强全过程指导、监督。

（四）重视市场化运营方式

深化市场化运行的文物利用模式，形成"使用人中心"的历史建筑保护利用长效机制。历史建筑保护利用不仅要"活起来"，更要"活下去"。要实现这一目标就要培养历史建筑运营的"造血能力"，让使用人在保护利用过程中获得可持续的收益，进而反哺历史建筑的保护、修缮。这需要深化市场化运行，也需要建立相应的准入、监管、考核、退出制度，形成可持续、有活力的长效机制。

结　　语

在北京历史文化名城保护中，腾退是文物保护的必解之题，活化是文物利用的必由之路。近年来，北京启动了较多文物腾退保护行动计划，在文物腾退中开创了法律保障的工作模式，在腾退文物的活化利用中尝试采取法律保障方式，取得了良好效果。因此，从法治保障的角度研究北京文物腾退保护与活化利用问题，对进一步推动北京文物保护与利用工作的规范化、制度化具有重要意义。

2021 年颁布实施的《北京历史文化名城保护条例》充分贯彻落实习近平总书记重要讲话精神和中共中央、国务院关于北京城市总体规划、首都功能核心区控制性详细规划批复要求。该条例的实施，为深入推进北京历史文化名城保护工作、进一步擦亮历史文化名城的金名片提供了坚实有力的法治保障。

由于历史原因，北京不可移动文物产权关系极为复杂，使用情况千差万别，出现了对文物多头管理、分割使用的情况，使得文物保护责任难以落实，难以实现有效保护与合理利用。部分文物处于不合理的使用状态，保护状况岌岌可危，活化利用更是奢求。对于这部分文物需要通过腾退的方式，改变使用和管理现状，先进行修缮保护，再追求合理使用。

北京以保护为目的的文物腾退，在文物保护工作中具有一定的探索性，同时作为新的工作思路，面临着法律依据不足的问题。北京在历史文化名城保护中形成了征收腾退、司法腾退和申请式腾退等文物腾退保护形式。在具体工作中东城区采用了"协议腾退＋民事诉讼"司法实施途径，西城区探索形成了"主体尽责、依法维权、合理腾退、司法保障"的工作模式，均取得了良好效果。但是工作中也面临着诸多困境：文物腾退保护正当性充分而法律依据不足，现行法律对历史遗留问题缺乏关注，文物腾退缺乏明确标准；文物腾退保护中行政强制措施有限，由于腾退并非文物使用人的法定义务，因此文物腾退难以适用房屋征收；文物腾退保护法律保障的具体操作尚待完善，具体表现为法治保障适用范围有待拓展、对文物腾退法律关系的理解尚待深入等。此外，目前仍在探索中的申请式腾退也面临着如下问题：腾退后"蜂窝煤"式的院落形态导致后期土地整合、房屋修缮、院落利用难度较大；如何实施进一步的疏解与腾退、确定院落的修缮整治措施、研究下一步政策的实施路径和原则标准等。需要全面梳理院落腾退的现状，并灵活运用各种合理措施执行实施方案。

基于国内外其他地区文物腾退保护的相关经验，结合北京历史文化名城保护的实际情况，建议进一步明确文物腾退的法律依据，把文物腾退作为文物的必要保护措施加以明确规定，要兼顾历史和现实状况，对于文物建筑的腾退保护还需要进一步细化工作机制，建立文物使用退出机制；需要在现有法律法规的基础上，进一步明确文物腾退标准，界定何种情况下需要采取腾退的方式进行保护，明确配合腾退是不可移动文物的所有人、管理人、使用人的义务。条件成熟时，可以建立文物使用评级制度，对不合理使用情况严重的，探索建立文物使用退出机制。坚持通过法律途径解决文物腾退问题，继续完善民事法律途径，积极探索多元化纠纷解决机制，采取使用权置换的方式，引入检察监督和公益诉讼，分类解决文物腾退问题：对解除租赁合同腾退的，考虑承租权的来源及内容、合同解除理由的合理性及解除后的补偿；征收腾退的，考虑征收事由是否正当、程序是否合法；主动申请腾退的，考虑通过激励制度予以鼓励等；深入研究文物腾退法律关系，制订文物腾退法律工作指引。

文物活化利用是文物保护的有效途径，一方面要通过文物腾退来实现文物活化利用，另一方面要通过规范文物活化利用来避免文物不合理的使用。要实现上述目标需要采取针对性的立法措施，保障《北京市总体规划（2016年—2035年）》实施的法治化。文物的活化利用是文化遗产保护领域的新理念，目前北京老城保护与复兴在这方面进行了有益的尝试。同时也应注意到，文物活化利用过程中可能出现不合理使用的风险。

基于北京文化遗产活化情况，需要分别研究文物用于展览展示、参观游览、文化交流、公共服务、文化体验服务、非遗传承和公益性办公等用途的典型做法及所面临的法律问题，一方面文物保护单位要充分行使行政管理职权，另一方面要探索通过民事协议的方式规范使用人的行为。同时探讨文物作为有形资产和无形资产的估值、保值、增值，以及在文化创意产业和旅游产业中对文化遗产进行创新发展的问题。要构建活化利用腾退文物制度体系、鼓励文物利用多元化管理机制、利用文物腾退空间改善民生；要重视人民群众的作用，把文物保护工作作为社区治理工作的一部分，充分发挥人民群众的作用，促进核心区产业结构转型升级，探索腾退空间的再利用。

前述研究是在现有法律框架下，研究了北京文物保护与活化利用法治保障的路径。要从根本解决文物腾退与活化利用的法治保障问题，需要对现行法律进行必要修改。探索推进国家立法的调整，进一步明确现行法律法规中文物保护的权责关系，对文物所有权的权利进行必要限制，使用公益诉讼的方式保障文物的合理使用，形成符合文物保护与利用现实需要和国际趋势的法律体系。要基于北京文物腾退与活化利用的实践和研究，对北京文化遗产保护与利用提出建议，推动将相关制度设计转化为地方法规或规章。

要完善北京文物保护利用的制度建设，进一步强化名城保护利用，传承城市历史文脉，建立健全工作机制，构建保护规划体系，完善配套政策管理，为老城的街区更新摸索出一条适合老城特色的实施路径。

要以文物腾退保护促老城社区治理，明确保护范围精准管控腾退、保护好老城历史格局，坚持名城保护的整体性和全覆盖。以精准管控，求保护实效。通过以中轴线申遗带动老城整体保护、以三条文化带建设促进文化与生态交融、以地下遗存实证北京悠久历史,来实现以整体保护机制统筹文物腾退。要在社区治理中推进文物腾退保护,不能把历史文化名城保护仅仅看成外貌风貌的保护,应该上升到历史文化资源的整体保护层面。文物保护要发展延续现在的城市生活,改善民生、置换产业、疏解人口;要在保护的同时实现城市更新,而这需要用"绣花"态度认真对待,充分发挥街道社区自治、责任规划师的作用。鼓励单位和个人以志愿服务等方式,参与历史文化名城保护工作。在加强历史文化名城保护的同时,注重改善人居环境。

要依法拓宽文物活化利用方法路径,坚持文物先保护后利用原则,鼓励和支持历史建筑等保护对象的合理利用和有序开放,制定历史文化街区和历史建筑保护管理办法,进一步优化调整建设项目的审批职能;建立文物安全利用长效机制,遵循"不求所有,但求所保,向社会开放"的原则,全面保护历史文化名城内各级文物及其周边环境;加强文物保护利用指导与监督,加快编制"两轴"沿线重点地区详细规划,出台街区更新实施意见,推广"共生院"模式,实施"一院一策"和"一户一方案",试点探索平房区物业管理服务向院落延伸。

为避免文物的不合理使用,需要建立申请、审核、准入、指导、监督、退出的文物活化利用管理机制;发挥社区管理和物业管理的作用,对文物活化利用的情况进行实时监督,依据文物具体使用情况,确定评估标准,对不合理使用的使用人建立退出机制;对具有经营性质的使用人,要规范对文物有形资产与无形资产的合理使用。条件成熟时，可以建立文物使用评级制度，对不合理使用情况严重的，探索使用民事诉讼或公益诉讼的方式进行腾退。

附录一

文物腾退保护与活化利用相关法律法规索引

法律、行政法规

中华人民共和国文物保护法
中华人民共和国文物保护法实施条例
中华人民共和国公共文化服务保障法
历史文化名城名镇名村保护条例
长城保护条例
建设工程质量管理条例
博物馆条例

部门规章

大运河遗产保护
文物认定管理暂行办法
世界文化遗产保护管理办法
博物馆管理办法
文物行政处罚程序暂行规定
文物保护工程管理办法

规范性文件

国有文物资源资产管理暂行办法

关于防范和惩治文物统计造假弄虚作假责任规定（试行）

文物统计管理办法（试行）

文物博物馆单位文物安全直接责任人公告公示办法（试行）

全国重点文物保护单位文物保护工程进度监管暂行规定

文物保护工程安全检查督察办法（试行）

大遗址利用导则（试行）

文物拍卖管理办法

文物拍卖标的审核办法

博物馆定级评估办法

文物建筑开放导则

博物馆馆藏资源著作权、商标权和品牌授权操作指引（试行）

革命旧址保护利用导则（试行）

不可移动文物认定导则（试行）

古建筑修缮项目施工规程（试行）

国家考古遗址公园创建及运行管理指南（试行）

文物保护行业标准管理办法（试行）

全国重点文物保护单位保护规划编制要求

全国重点文物保护单位保护规划编制审批办法

国家文物保护利用示范区创建管理办法（试行）

关于加强文物保护利用改革的若干意见

国有文物保护单位经营性活动管理规定（试行）

关于促进文物合理利用的若干意见

关于鼓励和支持社会力量参与文物建筑保护利用的意见

关于加强央属文物保护管理工作的意见

文物建筑开放导则

革命旧址保护利用导则（试行）

大遗址利用导则（试行）

文物保护利用规范　名人故居

文物保护利用规范　工业遗产

国际公约

国际博物馆协会章程

关于保护景观和遗址的风貌与特性的建议

关于博物馆向公众开放最有效方法的建议

国际文化财产保护与修复研究中心章程

国际古迹保护与修复宪章

关于保护受到公共或私人工程危害的文化财产的建议

保护世界文化和自然遗产公约

国际古迹遗址理事会章程

国际博物馆协会职业道德准则

关于历史地区的保护及其当代作用的建议

保护历史城镇与城区宪章

考古遗产保护与管理宪章

北京市地方法规

北京历史文化名城保护条例

北京市城乡规划条例

北京市实施《中华人民共和国文物保护法》办法

北京市长城保护管理办法

北京市利用文物保护单位拍摄电影、电视管理暂行办法

北京市地下文物保护管理办法

北京市文物保护单位保护范围及建设控制地带管理规定

北京中轴线文化遗产保护条例

北京市城市更新条例

北京市规划

北京城市总体规划（2004年—2020年）

首都功能核心区控制性详细规划（街区层面）（2018年—2035年）

北京市"十四五"时期历史文化名城保护发展规划

北京市城市更新专项规划（北京"十四五"时期城市更新规划）

北京中轴线保护管理规划（2022年—2035年）

北京市规范性文件

北京市博物馆展览备案管理规定

北京市地下文物保护预案备案办法

关于在北京市棚户区改造和环境整治中做好文物保护工作的指导意见

北京市《文物认定管理暂行办法》实施细则（试行）

北京市文物认定争议裁定暂行管理办法

北京市文物局对举报文物违法行为奖励办法

北京市文物建筑内使用装修暂行标准

关于在城市危改中加强文物保护工作的通知

北京市文物保护利用示范区创建管理办法（试行）

北京市文物建筑开放利用导则（试行）

附录二

文物腾退保护相关司法案件索引

序号	案号	案由	审判法院	审判时间	案件类型
1	（2022）京0101民初5115号	排除妨害纠纷	北京市东城区人民法院	2023-05-10	民事
2	（2022）京0106民初8666号	房屋租赁合同纠纷	北京市丰台区人民法院	2023-02-28	民事
3	（2022）京民申5315号	房屋租赁合同纠纷	北京市高级人民法院	2023-02-24	民事
4	（2022）京0105民初17569号	遗赠纠纷	北京市朝阳区人民法院	2023-01-16	民事
5	（2022）京0102民初5521号	合同纠纷	北京市西城区人民法院	2022-08-05	民事
6	（2021）京0105民初16375号	合同纠纷	北京市朝阳区人民法院	2022-06-27	民事
7	（2022）京04行初11号	未列举被诉行政行为	北京市第四中级人民法院	2022-04-27	行政
8	（2021）京02民终17003号	房屋租赁合同纠纷	北京市第二中级人民法院	2022-02-07	民事
9	（2021）京02民终17002号	房屋租赁合同纠纷	北京市第二中级人民法院	2022-02-07	民事

续表

序号	案号	案由	审判法院	审判时间	案件类型
10	（2021）京0102民初23288号	民事主体间房屋拆迁补偿合同纠纷	北京市西城区人民法院	2022-01-19	民事
11	（2021）京0108民初14279号	物权保护纠纷	北京市海淀区人民法院	2021-11-18	民事
12	（2021）京01民终7862号	房屋租赁合同纠纷	北京市第一中级人民法院	2021-10-29	民事
13	（2021）京01民终4547号	合同纠纷	北京市第一中级人民法院	2021-07-28	民事
14	（2020）京0102民初23052号	房屋租赁合同纠纷	北京市西城区人民法院	2021-07-19	民事
15	（2021）京0108民初889号	房屋租赁合同纠纷	北京市海淀区人民法院	2021-06-04	民事
16	（2021）京03民终7736号	房屋买卖合同纠纷	北京市第三中级人民法院	2021-05-10	民事
17	（2021）京03民终5985号	租赁合同纠纷	北京市第三中级人民法院	2021-04-25	民事
18	（2021）京03行终338号	行政复议	北京市第三中级人民法院	2021-03-31	行政
19	（2020）京行终7912号	行政复议	北京市高级人民法院	2021-03-31	行政
20	（2021）京01民终1496号	房屋租赁合同纠纷	北京市第一中级人民法院	2021-03-25	民事
21	（2021）京02行赔终71号	国家赔偿	北京市第二中级人民法院	2021-03-17	国家赔偿

续表

序号	案号	案由	审判法院	审判时间	案件类型
22	（2021）京02民终3423号	房屋租赁合同纠纷	北京市第二中级人民法院	2021-03-16	民事
23	（2021）京0118民初722号	买卖合同纠纷	北京市密云区人民法院	2021-02-24	民事
24	（2020）京0112行初601号	行政强制	北京市通州区人民法院	2021-02-01	行政
25	（2020）京0101行赔初43号	国家赔偿	北京市东城区人民法院	2020-12-30	国家赔偿
26	（2020）京0112民初14749号	租赁合同纠纷	北京市通州区人民法院	2020-12-28	民事
27	（2019）京0102民初1656号	房屋租赁合同纠纷	北京市西城区人民法院	2020-12-07	民事
28	（2020）京03民终13153号	农村房屋买卖合同纠纷	北京市第三中级人民法院	2020-11-30	民事
29	（2020）京03民终13152号	农村房屋买卖合同纠纷	北京市第三中级人民法院	2020-11-30	民事
30	（2020）京03民终13156号	农村房屋买卖合同纠纷	北京市第三中级人民法院	2020-11-30	民事
31	（2020）京03民终13155号	农村房屋买卖合同纠纷	北京市第三中级人民法院	2020-11-30	民事
32	（2020）京0107民初1614号	租赁合同纠纷	北京市石景山区人民法院	2020-11-30	民事
33	（2020）京03民终13151号	农村房屋买卖合同纠纷	北京市第三中级人民法院	2020-11-30	民事

续表

序号	案号	案由	审判法院	审判时间	案件类型
34	（2020）京 03 民终 13157 号	农村房屋买卖合同纠纷	北京市第三中级人民法院	2020-11-30	民事
35	（2020）京 02 民终 10818 号	合同纠纷	北京市第二中级人民法院	2020-11-30	民事
36	（2018）京 0108 民初 867 号	房屋租赁合同纠纷	北京市海淀区人民法院	2020-11-27	民事
37	（2020）京 04 行初 535 号	行政复议	北京市第四中级人民法院	2020-11-06	行政
38	（2020）京 0102 民初 4142 号	共有纠纷	北京市西城区人民法院	2020-10-29	民事
39	（2019）京 0102 民初 30237 号	房屋租赁合同纠纷	北京市西城区人民法院	2020-10-21	民事
40	（2020）京 0102 民初 817 号	房屋租赁合同纠纷	北京市西城区人民法院	2020-10-15	民事
41	（2020）京 0102 民初 978 号	房屋租赁合同纠纷	北京市西城区人民法院	2020-10-15	民事
42	（2020）京民申 4111 号	房屋租赁合同纠纷	北京市高级人民法院	2020-09-28	民事
43	（2020）京 0116 民初 3021 号	确认合同无效纠纷	北京市怀柔区人民法院	2020-09-28	民事
44	（2020）京 0116 民初 3208 号	确认合同无效纠纷	北京市怀柔区人民法院	2020-09-28	民事
45	（2020）京 0116 民初 3027 号	确认合同无效纠纷	北京市怀柔区人民法院	2020-09-28	民事

续表

序号	案号	案由	审判法院	审判时间	案件类型
46	（2020）京0116民初3026号	确认合同无效纠纷	北京市怀柔区人民法院	2020-09-28	民事
47	（2020）京0116民初3202号	确认合同无效纠纷	北京市怀柔区人民法院	2020-09-28	民事
48	（2020）京0116民初3361号	确认合同无效纠纷	北京市怀柔区人民法院	2020-09-28	民事
49	（2020）京0116民初3359号	确认合同无效纠纷	北京市怀柔区人民法院	2020-09-28	民事
50	（2020）京0116民初3368号	确认合同无效纠纷	北京市怀柔区人民法院	2020-09-28	民事
51	（2020）京0101民初1093号	合同纠纷	北京市东城区人民法院	2020-09-27	民事
52	（2020）京02民终7258号	合同纠纷	北京市第二中级人民法院	2020-08-28	民事
53	（2020）京02民终7117号	房屋租赁合同纠纷	北京市第二中级人民法院	2020-08-27	民事
54	（2020）京02民终3502号	合同纠纷	北京市第二中级人民法院	2020-06-29	民事
55	（2020）京02民终3258号	房屋租赁合同纠纷	北京市第二中级人民法院	2020-06-28	民事
56	（2020）京02民终2354号	房屋租赁合同纠纷	北京市第二中级人民法院	2020-06-28	民事
57	（2020）京02民终3249号	房屋租赁合同纠纷	北京市第二中级人民法院	2020-06-28	民事

续表

序号	案号	案由	审判法院	审判时间	案件类型
58	（2020）京02民终4722号	房屋租赁合同纠纷	北京市第二中级人民法院	2020-06-28	民事
59	（2020）京02民终5333号	房屋租赁合同纠纷	北京市第二中级人民法院	2020-06-28	民事
60	（2020）京02民终2745号	分家析产纠纷	北京市第二中级人民法院	2020-06-28	民事
61	（2020）京02民终5701号	房屋租赁合同纠纷	北京市第二中级人民法院	2020-06-23	民事
62	（2020）京0105民初19334号	法定继承纠纷	北京市朝阳区人民法院	2020-06-18	民事
63	（2020）京0102民初10730号	合同纠纷	北京市西城区人民法院	2020-06-10	民事
64	（2019）京0102民初1657号	房屋租赁合同纠纷	北京市西城区人民法院	2020-06-08	民事
65	（2020）京01民终3764号	合同纠纷	北京市第一中级人民法院	2020-05-26	民事
66	（2020）京02民终1228号	合同纠纷	北京市第二中级人民法院	2020-04-27	民事
67	（2018）京0102民初32033号	房屋租赁合同纠纷	北京市西城区人民法院	2020-04-07	民事
68	（2019）京0102民初1659号	房屋租赁合同纠纷	北京市西城区人民法院	2020-03-24	民事
69	（2020）京02行终239号	文化行政管理（文化）	北京市第二中级人民法院	2020-02-26	行政

续表

序号	案号	案由	审判法院	审判时间	案件类型
70	（2019）京行终9266号	行政征收	北京市高级人民法院	2020-02-13	行政
71	（2019）京0106民初25425号	不当得利纠纷	北京市丰台区人民法院	2020-01-20	民事
72	（2019）京民申5213号	房屋租赁合同纠纷	北京市高级人民法院	2019-12-30	民事
73	（2019）京0102行初505号	文化行政管理（文化）	北京市西城区人民法院	2019-12-30	行政
74	（2019）京01民初408号	合同纠纷	北京市第一中级人民法院	2019-12-27	民事
75	（2019）京0102民初11355号	分家析产纠纷	北京市西城区人民法院	2019-12-26	民事
76	（2019）京02民终14460号	合同纠纷	北京市第二中级人民法院	2019-12-25	民事
77	（2017）京0102民初22252号	房屋租赁合同纠纷	北京市西城区人民法院	2019-12-24	民事
78	（2019）京0108民初51478号	房屋租赁合同纠纷	北京市海淀区人民法院	2019-12-24	民事
79	（2017）京0102民初22259号	房屋租赁合同纠纷	北京市西城区人民法院	2019-12-24	民事
80	（2018）京0102民初9692号	分家析产纠纷	北京市西城区人民法院	2019-12-16	民事
81	（2019）京02民终14469号	民事主体间房屋拆迁补偿合同纠纷	北京市第二中级人民法院	2019-12-12	民事

续表

序号	案号	案由	审判法院	审判时间	案件类型
82	(2019) 京 0102 民初 35019 号	合同纠纷	北京市西城区人民法院	2019-12-03	民事
83	(2019) 京 02 行终 1826 号	行政复议	北京市第二中级人民法院	2019-11-29	行政
84	(2018) 京 0102 民初 34561 号	房屋租赁合同纠纷	北京市西城区人民法院	2019-11-27	民事
85	(2019) 京民申 4626 号	房屋租赁合同纠纷	北京市高级人民法院	2019-11-21	民事
86	(2018) 京 0102 民初 32999 号	房屋租赁合同纠纷	北京市西城区人民法院	2019-11-19	民事
87	(2019) 京 02 民终 13679 号	房屋租赁合同纠纷	北京市第二中级人民法院	2019-11-12	民事
88	(2019) 京 02 民终 12248 号	合同纠纷	北京市第二中级人民法院	2019-10-31	民事
89	(2018) 京 0102 民初 7936 号	房屋租赁合同纠纷	北京市西城区人民法院	2019-10-30	民事
90	(2019) 京 0106 民初 16987 号	合同纠纷	北京市丰台区人民法院	2019-10-30	民事
91	(2019) 京 0108 民初 33117 号	合同纠纷	北京市海淀区人民法院	2019-10-30	民事
92	(2019) 京 0102 民初 21677 号	合同纠纷	北京市西城区人民法院	2019-10-18	民事
93	(2019) 京 0101 行初 864 号	行政复议	北京市东城区人民法院	2019-09-27	行政

续表

序号	案号	案由	审判法院	审判时间	案件类型
94	（2019）京 0108 民初 34744 号	排除妨害纠纷	北京市海淀区人民法院	2019-09-27	民事
95	（2019）京 04 行初 435 号	行政征收	北京市第四中级人民法院	2019-09-20	行政
96	（2018）京 0102 民初 38935 号	确认合同无效纠纷	北京市西城区人民法院	2019-09-11	民事
97	（2019）京 02 民终 10160 号	排除妨害纠纷	北京市第二中级人民法院	2019-09-11	民事
98	（2018）京 0102 民初 1258 号	房屋租赁合同纠纷	北京市西城区人民法院	2019-08-23	民事
99	（2019）京 04 行初 1035 号	其他行政行为	北京市第四中级人民法院	2019-08-16	行政
100	（2019）京民申 1848 号	占有物返还纠纷	北京市高级人民法院	2019-08-13	民事
101	（2019）京 0101 民初 9914 号	租赁合同纠纷	北京市东城区人民法院	2019-08-09	民事
102	（2019）京 0102 民初 18176 号	合同纠纷	北京市西城区人民法院	2019-08-02	民事
103	（2019）京 02 民终 8942 号	房屋租赁合同纠纷	北京市第二中级人民法院	2019-07-29	民事
104	（2019）京 02 民申 608 号	分家析产纠纷	北京市第二中级人民法院	2019-07-29	民事
105	（2018）京 0108 民初 41228 号	房屋租赁合同纠纷	北京市海淀区人民法院	2019-07-26	民事

续表

序号	案号	案由	审判法院	审判时间	案件类型
106	（2019）京02民终8282号	房屋租赁合同纠纷	北京市第二中级人民法院	2019-07-25	民事
107	（2019）京0102行初499号	行政行为	北京市西城区人民法院	2019-07-11	行政
108	（2019）京0102民初1756号	排除妨害纠纷	北京市西城区人民法院	2019-06-10	民事
109	（2019）京02民终5841号	房屋租赁合同纠纷	北京市第二中级人民法院	2019-05-31	民事
110	（2017）京0101民初726号	房屋租赁合同纠纷	北京市东城区人民法院	2019-05-31	民事
111	（2019）京02民终6474号	房屋租赁合同纠纷	北京市第二中级人民法院	2019-05-30	民事
112	（2019）京02民终5746号	房屋租赁合同纠纷	北京市第二中级人民法院	2019-05-30	民事
113	（2019）京02民终6474号	房屋租赁合同纠纷	北京市第二中级人民法院	2019-05-30	民事
114	（2019）京0101民初3132号	返还原物纠纷	北京市东城区人民法院	2019-04-28	民事
115	（2019）京02民终5049号	房屋租赁合同纠纷	北京市第二中级人民法院	2019-04-23	民事
116	（2018）京0102民初32038号	房屋租赁合同纠纷	北京市西城区人民法院	2019-04-23	民事
117	（2018）京0102民初12787号	房屋租赁合同纠纷	北京市西城区人民法院	2019-04-10	民事

续表

序号	案号	案由	审判法院	审判时间	案件类型
118	（2018）京0102民初12786号	房屋租赁合同纠纷	北京市西城区人民法院	2019-04-10	民事
119	（2019）京01民终2245号	房屋租赁合同纠纷	北京市第一中级人民法院	2019-03-05	民事
120	（2019）京02民终486号	占有物返还纠纷	北京市第二中级人民法院	2019-02-27	民事
121	（2018）京0102民初5545号	房屋租赁合同纠纷	北京市西城区人民法院	2019-01-15	民事
122	（2018）京0102民初5545号	房屋租赁合同纠纷	北京市西城区人民法院	2019-01-15	民事
123	（2018）京0102民初11006号	房屋租赁合同纠纷	北京市西城区人民法院	2019-01-15	民事
124	（2017）京0102民初15915号	房屋租赁合同纠纷	北京市西城区人民法院	2018-12-28	民事
125	（2018）京0102民初1256号	房屋租赁合同纠纷	北京市西城区人民法院	2018-12-27	民事
126	（2017）京0102民初31802号	房屋租赁合同纠纷	北京市西城区人民法院	2018-12-27	民事
127	（2018）京0102民初7934号	房屋租赁合同纠纷	北京市西城区人民法院	2018-12-27	民事
128	（2018）京0102民初7931号	房屋租赁合同纠纷	北京市西城区人民法院	2018-12-27	民事
129	（2017）京0102民初31795号	房屋租赁合同纠纷	北京市西城区人民法院	2018-12-27	民事

续表

序号	案号	案由	审判法院	审判时间	案件类型
130	（2017）京 0102 民初 31799 号	房屋租赁合同纠纷	北京市西城区人民法院	2018 - 12 - 27	民事
131	（2018）京 0102 民初 1254 号	房屋租赁合同纠纷	北京市西城区人民法院	2018 - 12 - 27	民事
132	（2017）京 0102 民初 15913 号	房屋租赁合同纠纷	北京市西城区人民法院	2018 - 12 - 26	民事
133	（2017）京 0102 民初 13305 号	房屋租赁合同纠纷	北京市西城区人民法院	2018 - 12 - 26	民事
134	（2017）京 0102 民初 13307 号	房屋租赁合同纠纷	北京市西城区人民法院	2018 - 12 - 26	民事
135	（2018）京 0102 民初 18839 号	分家析产纠纷	北京市西城区人民法院	2018 - 12 - 18	民事
136	（2017）京 0108 民初 42713 号	侵权责任纠纷	北京市海淀区人民法院	2018 - 12 - 12	民事
137	（2018）京 0108 民初 34302 号	房屋租赁合同纠纷	北京市海淀区人民法院	2018 - 11 - 20	民事
138	（2018）京 0101 民初 11312 号	返还原物纠纷	北京市东城区人民法院	2018 - 10 - 08	民事
139	（2018）京 0101 民初 11317 号	返还原物纠纷	北京市东城区人民法院	2018 - 10 - 08	民事
140	（2018）京 01 民终 6692 号	返还原物纠纷	北京市第一中级人民法院	2018 - 09 - 11	民事
141	（2018）京 02 民终 8405 号	房屋租赁合同纠纷	北京市第二中级人民法院	2018 - 08 - 17	民事

续表

序号	案号	案由	审判法院	审判时间	案件类型
142	（2018）京02民终8128号	房屋租赁合同纠纷	北京市第二中级人民法院	2018-08-09	民事
143	（2018）京0108民初1443号	返还原物纠纷	北京市海淀区人民法院	2018-06-20	民事
144	（2017）京0102民初14825号	房屋租赁合同纠纷	北京市西城区人民法院	2018-04-26	民事
145	（2017）京0102民初14813号	房屋租赁合同纠纷	北京市西城区人民法院	2018-04-26	民事
146	（2017）京0102民初14828号	房屋租赁合同纠纷	北京市西城区人民法院	2018-04-26	民事
147	（2017）京0102民初14824号	房屋租赁合同纠纷	北京市西城区人民法院	2018-04-26	民事
148	（2017）京0102民初10356号	房屋租赁合同纠纷	北京市西城区人民法院	2018-04-18	民事
149	（2017）京0102民初10346号	房屋租赁合同纠纷	北京市西城区人民法院	2018-04-17	民事
150	（2018）京02民终1430号	房屋租赁合同纠纷	北京市第二中级人民法院	2018-03-30	民事
151	（2017）京02民终4903号	房屋租赁合同纠纷	北京市第二中级人民法院	2018-01-02	民事
152	（2017）京行终5003号	其他行政行为	北京市高级人民法院	2017-12-29	行政
153	（2017）京0102民初22353号	房屋租赁合同纠纷	北京市西城区人民法院	2017-12-06	民事

续表

序号	案号	案由	审判法院	审判时间	案件类型
154	（2016）京0102民初15438号	租赁合同纠纷	北京市西城区人民法院	2017-09-30	民事
155	（2017）京04行初833号	行政行为	北京市第四中级人民法院	2017-09-19	行政
156	（2016）京0101民初8798号	房屋租赁合同纠纷	北京市东城区人民法院	2017-06-16	民事
157	（2017）京民申427号	房屋租赁合同纠纷	北京市高级人民法院	2017-05-31	民事
158	（2017）京02民终2498号	物权保护纠纷	北京市第二中级人民法院	2017-04-24	民事
159	（2017）京民终66号	排除妨害纠纷	北京市高级人民法院	2017-04-07	民事
160	（2016）京0102民初13043号	确认合同无效纠纷	北京市西城区人民法院	2017-03-17	民事
161	（2016）京0102民初21508号	房屋租赁合同纠纷	北京市西城区人民法院	2017-02-27	民事
162	（2016）京02民终9764号	返还原物纠纷	北京市第二中级人民法院	2016-12-29	民事
163	（2016）京0102民初28081号	房屋租赁合同纠纷	北京市西城区人民法院	2016-12-19	民事
164	（2016）京0102民初2534号	占有物返还纠纷	北京市西城区人民法院	2016-12-02	民事
165	2015年东民初字第01482号	合同纠纷	北京市东城区人民法院	2016-11-25	民事

续表

序号	案号	案由	审判法院	审判时间	案件类型
166	（2016）京 0102 民初 21733 号	恢复原状纠纷	北京市西城区人民法院	2016-10-31	民事
167	（2016）京 03 民撤 18 号	第三人撤销之诉	北京市第三中级人民法院	2016-10-28	民事
168	（2016）京 02 民终 6280 号	房屋租赁合同纠纷	北京市第二中级人民法院	2016-07-22	民事
169	（2016）京 0102 民初 8756 号	房屋租赁合同纠纷	北京市西城区人民法院	2016-06-03	民事
170	（2015）西民初字第 15985 号	房屋租赁合同纠纷	北京市西城区人民法院	2016-05-26	民事
171	（2016）京 02 民辖终 440 号	房屋租赁合同纠纷	北京市第二中级人民法院	2016-05-23	民事
172	（2016）京 02 民终 3838 号	房屋租赁合同纠纷	北京市第二中级人民法院	2016-04-27	民事
173	（2016）京 02 民终 3617 号	房屋租赁合同纠纷	北京市第二中级人民法院	2016-04-27	民事
174	（2016）京 02 民终 3757 号	房屋租赁合同纠纷	北京市第二中级人民法院	2016-04-27	民事
175	（2016）京 02 民终 3758 号	房屋租赁合同纠纷	北京市第二中级人民法院	2016-04-27	民事
176	（2016）京 0102 民初 8756 号	房屋租赁合同纠纷	北京市西城区人民法院	2016-04-19	民事
177	（2016）京 0102 民初 321 号	房屋租赁合同纠纷	北京市西城区人民法院	2016-03-02	民事

续表

序号	案号	案由	审判法院	审判时间	案件类型
178	（2016）京 0102 民初 333 号	房屋租赁合同纠纷	北京市西城区人民法院	2016-03-02	民事
179	（2016）京 02 民终 711 号	房屋租赁合同纠纷	北京市第二中级人民法院	2016-02-29	民事
180	（2015）怀民初字第 05972 号	确认合同无效纠纷	北京市怀柔区人民法院	2016-01-06	民事
181	（2015）三中民终字第 11864 号	排除妨害纠纷	北京市第三中级人民法院	2015-12-03	民事
182	（2015）二中民终字第 09404 号	合同纠纷	北京市第二中级人民法院	2015-12-02	民事
183	（2015）二中民终字第 10305 号	房屋租赁合同纠纷	北京市第二中级人民法院	2015-12-01	民事
184	（2015）西民初字第 23933 号	房屋租赁合同纠纷	北京市西城区人民法院	2015-10-16	民事
185	（2015）二中民终字第 07797 号	民事主体间房屋拆迁补偿合同纠纷	北京市第二中级人民法院	2015-08-20	民事
186	（2015）二中民终字第 07764 号	房屋租赁合同纠纷	北京市第二中级人民法院	2015-08-13	民事
187	（2015）西民初字第 7279 号	房屋租赁合同纠纷	北京市西城区人民法院	2015-08-04	民事
188	（2015）密民初字第 03880 号	排除妨害纠纷	北京市密云区人民法院	2015-07-30	民事
189	（2015）西民初字第 4303 号	合同纠纷	北京市西城区人民法院	2015-07-06	民事

续表

序号	案号	案由	审判法院	审判时间	案件类型
190	（2015）西民初字第 08104 号	房屋租赁合同纠纷	北京市西城区人民法院	2015-06-23	民事
191	（2015）二中民终字第 03858 号	房屋租赁合同纠纷	北京市第二中级人民法院	2015-06-05	民事
192	（2015）二中民终字第 04203 号	房屋租赁合同纠纷	北京市第二中级人民法院	2015-06-05	民事
193	（2015）二中民终字第 03953 号	房屋租赁合同纠纷	北京市第二中级人民法院	2015-06-05	民事
194	（2015）二中民终字第 5760 号	房屋租赁合同纠纷	北京市第二中级人民法院	2015-06-05	民事
195	（2015）二中民终字第 04202 号	房屋租赁合同纠纷	北京市第二中级人民法院	2015-06-05	民事
196	（2014）西民初字第 12488 号	房屋租赁合同纠纷	北京市西城区人民法院	2015-05-20	民事
197	（2014）二中民再终字第 08482 号	租赁合同纠纷	北京市第二中级人民法院	2015-01-28	民事
198	（2014）一中民终字第 9050 号	返还原物纠纷	北京市第一中级人民法院	2015-01-13	民事
199	（2014）西民初字第 08020 号	房屋租赁合同纠纷	北京市西城区人民法院	2014-12-05	民事

参考文献

[1] 陈彬彬、姚苹:《不合理使用文物建筑之腾退路径——以北京市东城区为例》,载《中共南宁市委党校学报》2018年第1期。

[2] 张舜玺:《规范文物合理利用应增设指引性规则》,载《法学》2016年第5期。

[3] 于秀杰:《文物行政执法工作存在的问题及对策》,载《文物鉴定与鉴赏》2021年第1期。

[4] 于冰:《国有文物"不得作为企业资产经营"辨析》,载《东南文化》2018年第2期。

[5] 姜昕:《我国不可移动文物认定的法理考量》,载《云南大学学报》(社会科学版)2021年第1期。

[6] 刘金咏:《论公共图书馆中文物建筑的活化保护与利用——以广东省立中山图书馆文德分馆为例》,载《文化创新比较研究》2024年第8期。

[7] 陈伟:《国外不可移动文物保护立法与实践的可借鉴性分析》,载《中国文化遗产》2016年第6期。

[8] 陈扬：《基于国土空间规划的甘肃省历史文化保护》，载《文化产业》2024年第15期。

[9] 赵夏、何流：《国际发展·理论研讨·管理实践·遗产与社会——他山之石：国际文物保护利用理论与实践学术研讨会综述》，载《中国文化遗产》2018年第6期。

[10] 张铭晏：《旧城更新中文物建筑活化触媒效应研究——以李劼人故居纪念馆为例》，载《建筑与文化》2024年第1期。

[11] 王珊：《法国和意大利文化遗产保护的经验与启示》，载《华北电力大学学报：社会科学版》2015年第2期。

[12] 许伟：《文物腾退：文物保护的必解之题》，载《北京观察》2015年第7期。

[13] 丁燕、于冰：《文物保护单位名录汇总情况分析与规范化探讨》，载《中华文化遗产》2021年第3期。

[14] 蒋心怡：《名人故居活化利用策略研究——以无锡钱锺书故居为例》，载《文化创新比较研究》2024年第2期。

[15] 桑振群、张振：《不可移动文物的合理利用》，载《重庆行政》2019年第1期。

[16] 王京民：《国有博物馆文物资产管理理论与实践探索——以北京汽车博物馆为例》，载《行政事业资产与财务》2019年第1期。

[17] 郑晓辉：《多元化探索区县级不可移动文物保护利用的共治与共享—以越秀区为例》，载《文物鉴定与鉴赏》2023年第18期。

［18］徐丽怡：《社会力量参与文物建筑合理利用的探索——深圳市大田世居保护利用研究》，载《文物鉴定与鉴赏》2024年第11期。

［19］宋思宇：《"互联网＋"时代文物古建筑火灾原因及防火措施研究》，载《今日消防》2021年第3期。

［20］买靳：《以郑州市为例探索文物建筑保护利用的理念》，载《商业文化》2021年第5期。

［21］彭颖、杨清平：《广西文物建筑基础数据采集数字化技术研究策略》，载《企业科技与发展》2021年第1期。

［22］章亦乐：《南浔区文物建筑活化利用的思考》，载《文物鉴定与鉴赏》2020年第23期。

［23］黄贵强：《文化触媒导向下的文物建筑活化利用——以松阳县工商业联合会旧址改造利用为例》，载《中外建筑》2020年第12期。

［24］艾楠：《老建筑的保护与活化利用思考》，载《文物鉴定与鉴赏》2020年第21期。

［25］王慧：《浅谈基层文物保护工作中的问题及对策——以汶上县为例》，载《中国民族博览》2020年第20期。

［26］魏琴：《西藏民居类古建筑更新与利用——以邦达仓为例》，载《西部人居环境学刊》2020年第5期。

［27］别治明：《新郑凤台寺塔的营造传承及开放利用刍议》，载《建筑与文化》2020年第9期。

［28］李春青、刘国刚、戴菲菲等：《北京西城区华康里建筑再利用设计研究》，载《中国名城》2020年第9期。

[29] 郑建栋:《价值导向下文物类工业遗产保护利用策略探析》,载《东南文化》2020年第4期。

[30] 潘明娟:《陕西革命建筑保护开发现状与策略建议》,载《新西部》2020年第Z3期。

[31] 任俊龙:《物遗与非遗互动中的活化及其应用研究——以象山溪口粮站修缮工程为例》,载《佳木斯职业学院学报》2020年第8期。

[32] 李倩茹:《依法保护北京老城"金名片"》,载《前线》2020第8期。

[33] 郑希黎、陈晓键:《法国军事遗产的保护与利用》,载《建筑遗产》2020年第3期。

[34] 杨建斌、付思文:《博物馆学和文化遗产学视角下的文物建筑展陈设计》,载《城市建筑》2020年第20期。

[35] 杨星星、赖瑛:《深圳市宝安区文物建筑的保存现状与保护利用研究》,载《惠州学院学报》2020年第3期。

[36] 肖星:《中国现存西洋近代建筑及其旅游开发创新》,载《开发研究》2020年第3期。

[37] 刘传鹏:《论城镇古建筑保护及利用》,载《科技经济导刊》2020年第17期。

[38] 张亚宣、陈双辰:《名人故居类文物建筑的价值分析方法研究——以青岛部分名人故居为例》,载《中国文化遗产》2020年第3期。

[39] 肖星、姚若颖、罗聪玲:《北方7市西洋近代建筑保护性旅游开发研究》,载《旅游科学》2020年第2期。

［40］陈世烈：《文物建筑活态保护与利用的实践——娘寨变身公共文化服务场所》，载《文物鉴定与鉴赏》2020年第8期。

［41］甘泉、李阳、袁金龙：《萧县文物建筑现状及保护方法的探析》，载《江西建材》2020年第2期。

［42］苏继明：《文物建筑保护和利用策略研究》，载《文物天地》2020年第3期。

［43］万蕊、张笑楠：《赋予古建筑新功能的展示利用研究——以北京花市火神庙为例》，载《艺术与设计（理论）》2020年第2期。

［44］李振文：《试析以传统村落保护促美丽乡村建设——以涪陵传统村落保护为例》，载《文物鉴定与鉴赏》2019年第24期。

［45］杨彬、巨利芹、刘中海：《深圳市文物分级分类利用研究》，载《中外建筑》2019年第12期。

［46］李弥：《日本文物建筑保存活用计划的编制及其启示》，载《自然与文化遗产研究》2019年第11期。

［47］姜立光、缪剑虹：《北京老城保护和街区更新的西城实践》，载《北京规划建设》2019年第S2期。

［48］寇浩、马眬、刘晗：《当代境遇下普安寺的价值和保护策略研究》，载《自然与文化遗产研究》2019年第10期。

［49］牛仕佳、李琳、冯铎等：《红色基因活态传承：革命遗产保护与发展再思考》，载《北京规划建设》2019年第S1期。

［50］庄峻斐：《如何有效保护利用历史建筑》，载《检察风云》2019年第18期。

［51］王麟：《三维激光扫描测绘技术在宁波不可移动文物保护利用中的探索与实践》，载《自然与文化遗产研究》2019年第8期。

［52］张晋：《重庆市大田湾体育场文物建筑修缮保护与利用研究》，载《智能建筑与智慧城市》2019年第8期。

［53］王丰丰：《漳州祠堂建筑的保护探索和研究——以漳浦蓝氏种玉堂为例》，载《文物世界》2019年第4期。

［54］林剑清：《在古建修缮过程中如何提高文物建筑保护与利用水平》，载《城市建筑》2019年第20期。

［55］张雪松：《以中轴线申遗保护推动全国文化中心建设取得新成效》，载《北京人大》2019年第7期。

［56］蒋心怡：《基于不可移动文物保护利用现状的探析——以江苏省无锡市实践为例》，载《文化创新比较研究》2024年第8期。

［57］安菲：《湖南省邵阳县塘田战时讲学院旧址的保护与利用》，载《中外建筑》2019年第7期。

［58］安庭：《全面加快文物腾退进度》，载《北京观察》2019年第6期。

［59］何超琼：《澳门历史城区的保护》，载《北京观察》2019年第6期。

［60］罗玉芬：《乡村振兴视域下古村落的保护与活化利用——以珠海市会同村为例》，载《中国民族博览》2019年第

6 期。

［61］李曼：《保护好北京老城的"脊梁"》，载《北京人大》2019 年第 6 期。

［62］刘晗、张晓丽、崔宇航：《北京新会会馆的价值探讨与保护策略研究》，载《遗产与保护研究》2019 年第 5 期。

［63］贾宁、薛杨、张捷等：《县级国家历史文化名城文物保护评估报告》，载《中国文化遗产》2019 年第 3 期。

［64］李志梅：《官渡古镇文物建筑群及其保护利用对策》，载《中国民族博览》2019 年第 4 期。

［65］王思淼、彭蓬、卢俊桦等：《北京老城区背街小巷保护及改造问题研究》，载《农家参谋》2019 年第 8 期。

［66］洪开荣：《国恩寺古建筑遗存现状及分类保护利用策略研究》，载《长江工程职业技术学院学报》2019 年第 1 期。

［67］邵波：《天津市高校文物建筑保护利用探析》，载《中国文物科学研究》2019 年第 1 期。

［68］张晓燕：《论古村落文物建筑的保护与利用——以道县濂溪故里为例》，载《住宅与房地产》2019 年第 6 期。

［69］项瑾斐：《从文物保护规划谈天坛保护的真实性和完整性》，载《北京规划建设》2019 年第 1 期。

［70］张建涛、闫晓华：《一般不可移动文物建筑价值延续与"复活"——以郑州司赵火车站保护与再利用为例》，载《中外建筑》2019 年第 1 期。

［71］张国超：《中国建筑遗产认养制度研究》，载《南方文物》2018 年第 4 期。

[72] 葛义洲：《曲阜颜庙展示利用研究》，载《遗产与保护研究》2018年第11期。

[73] 宋文佳、闫俊：《文物建筑保护利用的理念探索——以郑州市为例》，载《遗产与保护研究》2018年第10期。

[74] 熊淑辉、刘明、肖文豪：《江西红色文物建筑的展示设计与利用分析》，载《工业设计》2018年第7期。

[75] 陈红雨：《当前建筑文化遗产的艺术性保护论析》，载《艺术百家》2018年第4期。

[76] 耿茜：《试论中国古代木结构建筑的保护与利用》，载《遗产与保护研究》2018年第6期。

[77] 李进才、李宁宁：《历史优秀建筑保护利用研究——以济南为例》，载《遗产与保护研究》2018年第5期。

[78] 杨博涵：《浅谈革命旧址展示利用提升——以湘南起义旧址群洣泉书院为例》，载《文化产业》2018年第8期。

[79] 荣玥芳、王祎、贾梦圆：《文物建筑活化利用的多方参与激励路径研究——以北京市西城区为例》，载《北京建筑大学学报》2024年第1期。

[80] 齐艳、傅娟、许吉航：《关于广州近代乡村侨居活化利用的可行性的研究》，载《城市建筑》2018年第5期。

[81] 胡彦羽：《谈文物建筑的合理利用——以杭州城区文物保护单位为例》，载《中国文化遗产》2017年第6期。

[82] 赵映清：《文物建筑保护与利用分析》，载《文化学刊》2017年第10期。

[83] 朱亚红、杨毅哲：《城市化背景下古建筑的保护与利用问

题探析》，载《建材发展导向》2017年第4期。

[84] 张国超、苏昊霖、张恩荣：《私有文物建筑产权问题及其解决路径研究》，载《中国名城》2024第7期。

[85] 荣玥芳、宋健、张新月等：《北京老城文物建筑开放利用的分类评价方法研究》，载《现代城市研究》2024年第5期。

[86] 徐永利、殷铭：《空间生产视角下的文物建筑保护利用模式探索——以苏州"文旅模式"为例》，载《城市规划》2022年第S1期。

[87] 张鹏、曾鹏程：《权能视角下国有近现代文物建筑开放利用模式研究》，载《建筑遗产》2021年第4期。

[88] 海野聪、唐聪：《日本文物建筑保护法规沿革及最新动向》，载《建筑师》2020年第6期。

后　　记

本书是在北京市社科基金研究基地项目"北京文物腾退保护与活化利用法治保障研究"［项目编号：19JDFXB008］研究成果的基础上完成的，出版得到北京高校高精尖学科建设项目"北京学"学科资助。

文化遗产保护法于我而言是个全新的领域。2007年进入北京联合大学工作后，我先在商务学院从事教学工作，其间攻读了武汉大学法学院的民商法学博士，研究方向为担保法，主要关注企业融资中的融资租赁、典当、知识产权质押等法律问题。2017年，我有幸调入北京联合大学应用文理学院法律系工作。"归队"到法学专业的兴奋还未消退，我就感受到了巨大的压力。特别是科研方面面临着需要适应应用文理学院的学科发展方向，融入法学学科团队的问题。

2017年发布的《北京城市总体规划（2016年—2035年）》提出北京城市战略定位是全国政治中心、文化中心、国际交往中心、科技创新中心。北京联合大学作为市属高校，学科发展要服务北京的"四个中心"建设。应用文理学院结合学科发展基础和特点,提出了"+文化"的学科发展方向。如何实现法学"+文化"是当时法律系所有教师共同面临的困惑和挑战。2017年底,时任法律系副主任、分管科研工作的鞠晔老师邀请应用文理学院院长张宝秀教授到法律系做了专题讲座,介绍北京全国文化中心建设和北京学学科发展的相关情况。我对文化遗产保护法的关注自此开始。

2018年,我主持申报的北京市法学会一般项目"北京市三条文化带整体保护利用法律问题研究"获批立项。研究主要基于北京三条文化带整体保护利用的现状,研究了文物腾退保护、文化产业发展、京津冀法治协同中的法律问题,提出坚持通过法律途径解决文物腾退问题和订立文物腾退法律工作指引的法治保障路径;推进文化产业发展相关立法、依法促进文旅融合和加强文化创意产业知识产权法律保护的法治保障路径;继续深入京津冀立法协同、建立可持续执法协作模式和进一步探索跨区域司法协作法治保障路径等建议。项目研究期间,我查阅了各种相关资料,摸索如何使用法学研究视角和方法,研究文化遗产保护相关问题,并积极参与北京学研究基地各种学术活动,深入了解文化遗产保护的相关知识。

2019年,我获批立项北京市社会科学基金研究基地项目"北京文物腾退保护与活化利用法治保障研究"、北京市哲学社会科学研究基地北京学研究基地开放课题"北京文化遗产合理利用法律问题研究"。我对文化遗产法相关的研究开始深入推进，发表了《依法保护北京老城"金名片"》《北京文物腾退保护的司法保障现状及完善路径》《三山五园地区依法治理的路径选择》《法治护航北京中轴线申遗保护——评〈北京中轴线文化遗产保护条例〉》等论文，参与了《北京历史文化名城保护条例》《北京中轴线文化遗产保护条例》《北京城市更新条例》等地方法规的立法过程。基于调研需要，开发了《不可移动文物使用情况动态监管系统》，并登记软件著作权。依托项目研究成果，与张万春副教授、郑晶副教授共同开发了"文创文旅文遗法律专题"特色课程。该课程是北京联合大学2020年卓越教学项目校内专项"北京文化特色系列课程建设"的课程之一，开课即受到学生的广泛欢迎。以上研究的思考和部分成果均在本书中有不同程度的体现。

其间，我得到了李建平研究员、张宝秀教授、张景秋教授、张勃教授、陈喜波教授、顾军教授、朱永杰教授的指点和帮助。法律系的杨积堂教授、王平教授、鞠晔副教授、吴梅副教授、张万春副教授、郑晶副教授、刘婧娟副教授给予我大力支持和鼓励。法律硕士研究生刘彤、梁晨、李琳琳、张道福、李国浩、张啸寒、葛一鸣、余心雅等同学为本书的资料收集整理做了很多贡献，在此一并致谢。

在本书写作的过程中，适逢北京中轴线文化遗产申遗成功，北京文物建筑腾退保护与活化利用的法治实践发展迅速，有很多切实有效的创新，法律法规不断完善。本书力求能反映北京文物建筑腾退保护与活化利用法治建设的最新进展，但囿于研究视野和能力水平，虽多次修改但难免有缺憾，期待专家、读者不吝赐教。

李倩茹

2024 年 9 月于北京